Topos plus **Taschenbücher**
Band 470

Gottfried Hierzenberger

Der Glaube der Buddhisten

Topos plus Taschenbücher

Topos plus Verlagsgemeinschaft

Butzon & Bercker, Kevelaer | Don Bosco, München
Echter, Würzburg | Verlag Katholisches Bibelwerk, Stuttgart
Lahn-Verlag, Limburg Kevelaer | Matthias-Grünewald-Verlag, Mainz
Paulusverlag, Freiburg Schweiz | Friedrich Pustet, Regensburg
Tyrolia, Innsbruck Wien

e verlags gruppe engagement

Bibliografische Informationen der Deutschen Bibliothek
Die Deutsche Bibliothek verzeichnet diese Publikation in der Deutschen Nationalbibliografie; detaillierte bibliografische Daten sind im Internet über http://dnb.ddb.de abrufbar.

2003 Verlagsgemeinschaft Topos plus, Kevelaer

Originalausgabe

Einband- und Reihengestaltung:
Akut Werbung GmbH, Dortmund
Satz: Schröder Media, Dernbach
Herstellung: Pustet, Regensburg
Printed in Germany

Topos plus – Bestellnummer: 3-7867-8470-1

Inhalt

Grundwissen Buddhismus

Der *Glaube der Inder* nimmt in der Gesamtheit der Weltreligionen eine besonders wichtige Stelle ein, denn **Hinduismus** und **Buddhismus** gehören zu den größten und bedeutendsten Religionsgemeinschaften. Zu ihnen bekennen sich seit viertausend bzw. zweieinhalbtausend Jahren viele hundert Millionen Menschen; wobei der mehr als tausend Jahre ältere Hinduismus in vielfacher Hinsicht als Ausgangspunkt und Hintergrund des Buddhismus zu verstehen ist, da der *Buddha* sein irdisches Leben als gläubiger Hindu begann.

Wie im Band DER GLAUBE DER HINDUS nachzulesen ist, befand sich der Hinduismus im 6. Jh. v. Chr. gerade in einem fließenden Übergang vom sogenannten **Brahmanismus** zum **klassischen Hinduismus**, als *Siddhārta Gautama* aus dem Stamm der Shākya, geboren in Kapilavastu in Nordindien nahe der Grenze zu Nepal, etwa im Jahr 560 – der genaue Zeitpunkt lässt sich nicht mehr eruieren –, sein irdisches Leben begann. Er ist übrigens die erste Persönlichkeit in Indien, von der man relativ genaue Daten kennt, so dass die Jahre 560–480 v. Chr. als seine Lebenszeit anzunehmen sind.

Wie Christentum und Islam aus dem Judentum hervorgegangen und ohne die israelitisch-jüdische Tradition nicht zu verstehen sind, so ist auch der Buddhismus nur auf dem Hintergrund und Fundament der damals in Indien verbreiteten religiösen Denkweisen und Praktiken zu verstehen. Zu nennen sind dabei vor allem die Lehre von der *Seelenwanderung* und von der *Auswirkung böser und guter Taten (Karma)* auf die Art der Wiederverkörperung; die verschiedenen *Wege zur Erlösung aus dem Kreislauf der Existenzen;* spezifische Formen von *Askese* und *Meditation* wie der *Yoga*, sowie die Skepsis gegenüber dem aus der Vorgeschichte überkommenen *Götterglauben*, gegenüber alten *Riten* und der strengen *Kastenordnung.*

Anders als in der mythenreichen hinduistischen Volksreligion steht beim Buddha am Anfang nicht der Mythos, sondern die spirituelle Geschichte eines Menschen, der aus seiner Tradition ausbricht, durch intensive persönliche Glaubenserfahrungen lernt, sich geistig entwickelt und ein *Erleuchteter* wird, der den Weg aus dem leidvollen Leben in dieser Welt für sich selbst findet – und anderen weist.

Erst seine Lebensgeschichte und die Wirkung seiner Lehren führten dann wieder – vor allem ab dem 1. Jh. n. Chr. im **Mahāyāna** (= Großes Fahrzeug) – zur Bildung einer Fülle von Mythen, eines riesigen Pantheons von Gottheiten, Geistern und Dämonen, zu verschiedenartigen Transzendenzvorstellungen sowie zur Ausbildung von drei großen, relativ eigenständigen buddhistischen Religionen (*Theravāda, Mahāyāna, Vajrayāna*). Diese verbreiteten sich zuerst in ganz Indien und dann auf einer *Süd-Route* in Sri Lanka, Hinterindien (Birma, Thailand, Kambodscha, Laos, Malaysia) und Indonesien aus – und auf einer *Nord-Route* in Zentralasien, China, Nordvietnam, Tibet, Nepal, unter den Mongolen, Mandschus und Kalmücken bis zum Ural, und vor allem in Korea, Japan und Taiwan; später dann auch über Hawaii in Nordamerika und ab dem Ende des 19. Jh. in Europa.

So stellt sich der Buddhismus heute als die älteste der drei (zahlenmäßig) größten Weltreligionen Christentum, Islam, Buddhismus dar, ist weltweit verbreitet und wird von Hunderten Millionen Menschen auf der ganzen Welt als ein sicherer Glaubensweg und ein *Fahrzeug* zur Transzendenz der irdischen Wirklichkeit akzeptiert.

Auf die Frage: »Wer ist ein Buddhist?« kann man mit einem Satz antworten: »Wer seine Zuflucht zu den *drei Juwelen* nimmt, zum *Buddha*, zum *Dharma* (= Lehre Buddhas) und zum *Sangha* (= Mönchsgemeinschaft). »Der Buddhismus ist die einzige Religion, deren Begründer sich weder als Prophet eines Gottes noch als sein Gesandter bezeichnet und außerdem sogar die Vorstellung eines höchsten göttlichen Wesens zurückweist. Er beansprucht aber, der ›Erweckte‹ *(buddha)* und deshalb spiritueller Führer und Lehrer zu sein *(dharma)*. Sein Predigen schafft Gemeinschaft *(sangha)* und hat die Erlösung der Menschen zum Ziel.« (Mircea Eliade)

»Der Buddhismus ist *Weltreligion* auch in dem Sinn, dass er sich verschiedenen Gesellschaftsordnungen anzupassen vermochte, und so finden wir ihn heute in einer modernen Industriegesellschaft wie in Japan ebenso wie in den bäuerlichen Gesellschaften Südostasiens … und er ist auch in der westlichen Welt zu einer praktizierten Religion geworden.« (Heinz Bechert)

Der Buddhismus unterscheidet sich aber von den beiden anderen großen Weltreligionen vor allem dadurch, dass er sich nicht ausdrücklich und primär mit Gott und der Schöpfung beschäftigt – obwohl auch diese Perspektiven nicht fehlen und im Mahāyāna und Vajrayāna zu zentralen Themen werden –, sondern mit dem Menschen und darüber hinaus mit allen leidenden Wesen.

So geht es ihm vorwiegend um Ethik, um Meditation und Verinnerlichung – und um Einsicht: »Die Welt mit all ihren Himmeln und Höllen ist ein Ort des Leidens und der Vergänglichkeit. Auf diesem Schauplatz des Leidens werden alle Wesen unaufhörlich in einem endlosen Kreislauf wiedergeboren. Die Erlösung besteht darin, aus diesem ›Tretrad‹ herauszukommen.

Wie ist das zu bewerkstelligen? Was an diesen Daseinskreislauf fesselt, ist die Begierde, sie beruht auf falschen Ansichten über die menschliche Beschaffenheit. Um die Begierde zu vernichten und die Erlösung aus dem Kreislauf zu erreichen, muss der Mensch seinen Geist läutern … Dieser Weg zur Erlösung steht allen Menschen offen … und ihre Realisierung ist weder vom Glauben noch von göttlicher Gnade abhängig, sondern allein vom Verständnis der Dinge, wie sie wirklich sind« (Richard Gombrich)

Siddharta Gautama – genannt der Buddha

Die Mehrzahl der Forscher ist sich darüber einig, dass der zukünftige Buddha im April oder Mai des Jahres 558 v. Chr. in Kapilavastu (heute: Terai in Nepal), der Hauptstadt der kleinen Adelsrepublik des Shākya-Stammes im Norden Indiens, auf den Vorhöhen des Himalaja in der Gegend des heutigen Gorakhpur an der Grenze zu Nepal, geboren wurde. Er entstammte der adeligen Familie der ***Gautama***, und sein Vater Shuddhodana gehörte der Krieger*(kshatriya)*-Kaste an und führte als Radscha (= Provinzregent) die Regierungsgeschäfte des Landes. Seine Mutter war Prinzessin Māyā, die erste Frau des Radscha. ***Siddharta*** wuchs also als *Prinz* in besten Verhältnissen auf, heiratete mit 16 Jahren und verließ mit 29 – als er mit seiner Frau Yashodharā seinen erstgeborenen Sohn Rāhula gezeugt hatte – für seine Umgebung einigermaßen überraschend, aber wohl doch nicht so heimlich, wie die Legende erzählt, sein bisheriges privilegiertes Leben und wurde ein Wanderasket.

Die fromme Nachwelt hat bereits die Geburt Siddhartas, der später oft ***Shākyamuni*** (= der Asket aus dem Geschlecht der Shākya) genannt wurde, nach indischem Brauch mit vielen Mythen ausgeschmückt. In allgemein gehaltenen Biographien würde man danach streben, alles Legendenhafte zu distanzieren und nur das historisch Belegbare gelten zu lassen, um die wahre Persönlichkeit herauszuarbeiten. Unter der Perspektive GRUNDWISSEN RELIGION ist dies anders, denn die legendenhaften Details präsentieren vielfach die entscheidenden Elemente jener spirituellen Persönlichkeit, welche die gläubigen Anhänger Buddhas in jenem Siddharta Gautama sahen, den seine Schüler *Bhagavat* (= Gesegneter, Herr) oder *Buddha* (= der Erweckte, Erleuchtete) nannten. Für einen gläubigen Buddhisten hatte sein Leben von Anfang an die spezifischen Dimensionen eines Erweckten und Führers zur Erweckung. So ist gerade der »sagenhaften Biographie Bedeutung zu schenken, denn sie war der Ausgangspunkt für Schöpfungen sowohl der buddhistischen Theologie und Mythologie als auch der religiösen Literatur und der bildenden Künste«. (Mircea Eliade)

Der Wiederverkörperungslehre folgend, wurden dabei auch frühere Existenzen (Vorexistenzen) des Buddha miteinbezogen, z. B. jene im sogenannten *Tushita-Himmel* (eine der obersten himmlischen Sphären), als der *Bodhisattva* (= das zum Erwachen bestimmte Wesen) sich entschloss, als Sohn der tugendhaften Māyā, zur Welt zu kommen. Diese hatte gerade ein Keuschheitsgelübde abgelegt und ihren Gemahl Shuddhodana gebeten, dies zu respektieren. In der folgenden Nacht träumte sie dann, dass ein weißer Elefant in ihre Seite eingegangen sei, und sie verbrachte die folgenden zehn Monate in Meditation und religiösen Übungen und trug ihn *unbefleckt* aus, weil sich der Bodhisattva in einem Kästchen aus kostbarem Stein und nicht in ihrer Gebärmutter befand. Als dann die Zeit der Geburt ihres Sohnes herankam, der »ohne Zutun ihres Mannes entstanden« war und so ohne Karmabelastung zur Welt kommen konnte, geschah dies in der Heimat Māyās, die gerade bei ihren Eltern im Dorf Lumbinī zu Besuch war. Seine Geburt fand im Garten statt, und seine Mutter hielt sich an einem Sal-Baum fest, worauf das Kind aus ihrer rechten Seite austrat und von den Göttern Brahma und Indra begrüßt wurde. Sofort nach seiner Geburt machte der Bodhisattva sechs Schritte in Richtung Norden und rief: *»Ich bin der Höchste der Welt, ich bin der Beste der Welt, ich bin der Älteste der Welt; dies ist meine letzte Geburt; niemals mehr wird es für mich eine neue Existenz geben.«* (Majjhimanikāja III,123).

Das Kind erhielt von seinem Vater den Namen ***Siddhārta*** (= der sein Ziel erreicht hat). Bei der Untersuchung seines Körpers erkannten die Brahmanen die 32 grundlegenden und die 80 sekundären Zeichen eines »Großen Menschen« *(mahāpurusha)* und erklärten, dass er ein Welteroberer oder ein Welterleuchter werde. Und der alte Himalaja-Meister *(rishi)* Asita flog vom Dach der Welt nach Kapilavastu, nahm den Neugeborenen in die Arme und fing zu weinen an, als er verstand, dass dieser der Buddha werden und er nicht lange genug leben werde, um ihm folgen zu können.

Sieben Tage darauf starb die Mutter Siddhartas, »weil ein so kostbares Gefäß, das einen Buddha vor seinem Weltengang beherbergt hatte, nie wieder weltlichen Zwecken dienen durfte«. (Helmuth von Glasenapp) Sie wurde im Himmel der Tushita wiedergeboren. Siddharta aber wurde von Mahaprādschāpatī, einer Schwester seiner Mutter, die der Radscha nach dem Tode Mayas zur Gemahlin genommen hatte, erzogen und wuchs in der idyllischen Umgebung der weitläufigen königlichen Residenz auf. Wegen der Weissagung bei seiner Geburt unterwies der Radscha seinen Sohn in allen Regierungs- und Kriegskünsten, hielt ihn aber von jeder Begegnung mit dem Leid fern.

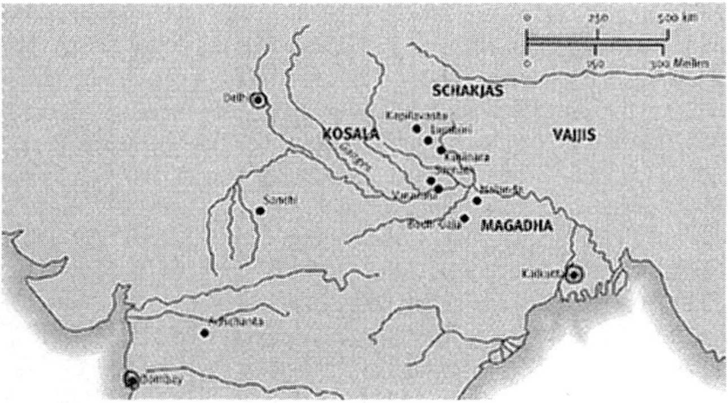

Nordindien zur Zeit Buddhas.

Der Auszug

Der Legende zufolge ist es dem Prinzen aber doch gelungen, in Begleitung seines treuen Dieners Chandaka vier heimliche Ausfahrten zu unternehmen, bei denen ihm jeweils eine Gottheit zuerst als Greis, dann als Schwerkranker, als ein verwesender Leichnam und zuletzt als Asket erschienen war. Diese Bilder des Leidens erschütterten den Prinzen sehr, und er erkannte daraus, dass das Dasein im Grunde leidvoll ist und jeder Mensch – auch ein scheinbar glücklicher wie er selbst – beständig vom Verlust dessen bedroht ist, was er liebt. Später baute der Buddha diese Erfahrungen in seine Lehre ein:

Hast du jemals einen Mann oder eine Frau gesehen, achtzig, neunzig oder hundert Jahre alt, gebrechlich, geknickt

wie ein Giebeldach, niedergebeugt, auf einen Stock gestutzt, mit schwankenden Schritten, kränklich, mit abgebrochenen Zähnen, grauem und schütterem Haar oder kahlköpfig, voll Runzeln, mit fleckigen Lippen? Ist dir nie der Gedanke gekommen, dass auch du dem Zerfall ausgesetzt bist und ihm nicht entrinnen kannst?
Hast du jemals gesehen, wie Leute einen Menschen, der leidend, ohnmächtig und ernsthaft krank war, aufgehoben und zu Bett gebracht haben? Hast du je daran gedacht, dass auch du der Krankheit ausgesetzt bist und ihr nicht entrinnen kannst?
Hast du jemals den Leichnam eines Mannes oder einer Frau gesehen, zwei Tage nach dem Hinscheiden, aufgeschwemmt, blau-schwarz gefärbt und in der Verwesung? Hast du nie daran gedacht, dass auch du dem Tod ausgesetzt bist und ihm nicht entrinnen kannst?
Um einen Ausweg aus den unwiderstehlichen Leiden zu suchen, entschloss sich Siddharta noch in der Nacht nach der Rückkehr von der vierten Ausfahrt, seine Familie zu verlassen. Er rief Chandaka, bestieg sein Pferd und ritt mit ihm durch das südöstliche Tor aus der Stadt – von niemandem bemerkt, weil die Götter, um ihn in seiner Entscheidung, sich von der Welt abzuwenden, zu bestärken, einen tiefen Schlaf über alle Stadtbewohner gelegt hatten und den Hufschlag des Pferdes dämpften. Nach zehn Meilen hielt Siddharta an, stieg vom Pferd, schnitt sich mit seinem Schwert die Haare, tauschte mit Chandaka die Kleider und schickte ihn mit seinen Sachen zurück. Auch die Götter verließen ihn von da an, denn er hatte beschlossen, als Asket zu leben – wie er es bei seiner letzten Ausfahrt zeichenhaft gesehen hatte – und sein Ziel ohne übernatürliche Mittel, nur aus eigener Kraft zu erreichen.

Er wandte sich zunächst nach Süden und wurde in Vesāli unter seinem Familiennamen Gautama Schüler des berühmten Brahmanen-Weisen **Arāda Kālāma**, der ihn in das Denksystem der frühen (atheistischen) *Sāmkhya*-Philosophie einführte; sehr schnell eignete er sich die Lehre an, hielt sie aber für unzureichend und zog weiter nach Magadha (= Süd-Bihar). Dort wandte er sich an König **Bimbisāra.** Der fand Gefallen an dem jungen Asketen und bot ihm die Hälfte sei-

Erinnerung an die geistige Erweckung Buddhas in Bodh-Gayā unter dem Feigenbaum.

nes Reiches an. Gautama aber widerstand der Versuchung und wurde ein Schüler des Yoga-Lehrers **Udraka Rāmaputra**. Schnell lernte er von ihm alle Techniken der Energie- und Bewusstseins-Steuerung und wurde ein Yoga-Meister.

Doch als ein Jahr nach seinem Auszug aus seiner bisherigen Welt vergangen war, erkannte er, dass ihn auch der Yoga der Wahrheit nicht näher brachte. So zog er weiter und ließ sich schließlich in Uruvilvâ, in der Nähe des Ortes Gayā, nieder und lebte dort zusammen mit fünf anderen Bettelmönchen sechs Jahre lang in strengster Askese. Er versuchte durch härtestes Fasten (»ein Hirsekorn pro Tag«), durch besondere Übungen im Anhalten des Atems (was ihn immer wieder in Lebensgefahr brachte) und durch radikale Kontemplation die Erleuchtung zu erzwingen.

Am Ende seiner Kräfte *(»er verfügte nur noch über ein Tausendstel seiner Lebenskraft«*, weiß die Überlieferung), erkannte er schließlich auch die Sinnlosigkeit der Abtötung, um Befreiung vom Leid zu erreichen. Dem mittlerweile Sechsunddreißigjährigen war nichts von der unendlichen Vielfalt menschlicher Erfahrungen der Freude und des Leids mehr unbekannt, er hatte all das selbst erfahren und beherrschte alle bekannten Techniken des Denkens und Meditierens. Was ihm noch fehlte, war die Erweckung – und die musste er auf einem ihm bisher noch unbekannten Weg erlangen.

Als Gautama wieder normale Speisen aß, verließen ihn seine fünf Gefährten enttäuscht, und er selbst ging nach einem Bad im Fluss Nairañjanâ nach Bodh-Gayā in ein nahe gelegenes Wäldchen, setzte sich unter einen Feigenbaum (= ficus religiosa, Pipalbaum) und war fest entschlossen, sich erst wieder zu erheben, wenn er sein *Erwachen* erreicht hatte.

Die Erweckung

Dort musste Shâkyamuni den Ansturm Māras, des »Todes«-Gottes bestehen, der erraten hatte, dass die bevorstehende Entdeckung des Heils, das den ewigen Kreislauf der Wiedergeburten stoppt, seinem Reich ein Ende machen würde. Der Angriff wurde von einer erschreckenden Armee von Dämonen, Gespenstern und Ungeheuern ausgelöst. Doch die früheren Verdienste Shākyamunis und seine freundschaftliche Disposition *(maitri)* errichteten um ihn eine Schutzzone. Als Gautama dann auch dem zweiten Ansturm Māras – der auch Kāma (= Lebensgeist und Eros) symbolisiert – in Gestalt verführerischer Frauen widerstand, zieht sich dieser besiegt zurück, und Gautama konnte nun alle spirituellen Kräfte auf das zentrale Problem der Erlösung vom Leiden konzentrieren:

In der *ersten Nachtwache* durchläuft er die vier Stadien der Meditation *(dhyāna)* und erreicht einen Zustand von absoluter Reinheit, Gleichgültigkeit und erwecktem Denken, dadurch erkennt er mit seinem *Dritten Auge* die Gesamtheit der Welt, ihr Werden und Vergehen und die karmatischen Zusammenhänge. In der *zweiten Nachtwache* hat er alle seine Vorexistenzen vor Augen und betrachtet auch die unendlichen Existenzen der Menschheit. In der *dritten Nachtwache* erlangt er schließlich die Erleuchtung oder Erweckung seines Selbst *(bodhi)*, als er das Gesetz der zwölf »Entstehungen in gegenseitiger Abhängigkeit« *(pratītyasamut-pāda)* erfasst und zugleich die Bedingungen entdeckt, die imstande sind, diese Entstehungen *(nidāna)* anzuhalten.

Als es Tag wurde, besaß er die vier »Edlen Wahrheiten« *(āryasatya)*, erkannte die fünf vergänglichen »Aggregatzustände des irdischen Lebens« *(skandha)* und war zum **Buddha geworden** – das heißt, er fühlte sich befreit von der ewigen Abfolge von Tod und Wiedergeburt *(samsāra)* und erlöst von jeder sinnlichen Leidenschaft, Werdelust und vom Nichtwissen. Durch diese Erleuchtung höheren Grades *(abhisambodhi)* bzw. durch höchste und vollkommenste Erleuchtung *(anuttarâ samyaksambodhi)* hatte er zugleich auch das *nirvāna erreicht.* Sieben Tage (nach anderen Überlieferungen vier oder sogar sieben Wochen) lang soll der Buddha unter dem Baum der Erleuchtung gesessen sein und die Seligkeit seiner Erlösung genossen haben. Er soll über diese Zeit gesagt haben: *»Es gibt für mich nichts jenseits dieser Welt. Die Unwissenheit war verscheucht, Wissen hervorgeströmt. Die Dunkelheit war vergangen, Licht war aufgegangen.«*

Auf dem Lehrweg

Dann hatte er noch eine letzte Versuchung Māras zu bestehen: Dieser suggerierte ihm, er könne sofort in das **Parinirvāna**

(= Zustand des völligen Erlöschens seiner irdischen Strukturen) eingehen. Der Gott Brahmā aber beschwor ihn, was er gefunden habe, nicht für sich zu behalten, sondern »die Tore des Unvergänglichen für die, welche hören wollen, zu öffnen«. Der Buddha war sich zuerst im Unklaren, ob dieser schwierige Weg, den er selbst genommen hatte, für andere Menschen nicht zu schwer sein werde. Doch dann war er sich doch dessen gewiss, dass es genug Menschen gäbe, die der Erlösung fähig seien – besonders wenn sie gründlich in die Lehre eingeführt werden und in einer gut organisierten Glaubensgemeinschaft leben können. Und er entschloss sich – geleitet von den beiden Buddha-Eigenschaften Allwissenheit *(sarvajnatā)* und Mitleid *(mahākarunā)* –, die von ihm erkannte Wahrheit darzulegen und »das Rad der Lehre in Gang zu setzen« (Dharmachakrapravartanasūtra).

Der Ort dieses denkwürdigen Ereignisses, Bodh-Gayā in Ostindien, zieht noch heute unzählige buddhistische Pilger aus aller Welt an. Der Buddha wandte sich von da aus nach Benares und traf auf dem Weg dorthin den berühmten Asketen **Upaka.** Als dieser ihn aufforderte, sein Schüler zu werden, sagte Gautama zu ihm:

Für mich gibt es keinen Lehrer, keiner ist mir vergleichbar; in dieser Welt bin ich der einzige völlig Erleuchtete; ich habe die vollkommene und höchste Erleuchtung erlangt; in dieser Welt habe ich alles überwunden und bin allwissend; ich werde hier durch nichts befleckt. Nachdem ich mich von allem gelöst habe und ohne Begehren bin, bin ich befreit. Nachdem ich aus eigener Kraft die Erleuchtung erlangt habe, wen könnte ich da Lehrer nennen? Niemand ist so wie ich, keiner ist mir gleich; ich habe die Erleuchtung erlangt, indem ich mich selbst unterrichtet habe. Ich bin der Tathâgata, der Lehrer von Göttern und Menschen, allwissend und mit allen Kräften ausgestattet. In dieser Welt bin ich der Heilige; in den Welten der Götter und Menschen ist niemand mir überlegen; in den Welten mit all ihren Göttern habe ich Mâra bezwungen, bin ich der Sieger … Jene, die die Zerstörung der Unreinheiten erreicht haben, sind Sieger so wie ich; ich habe alle bösen Dinge überwunden, darum bin ich der Sieger«. (Sanghabhedvastu)

Diese sehr hochmütig klingende Selbsteinschätzung spiegelt

die über alle irdischen Ausmaße hinausgehende Erfahrung jener höchsten Erleuchtung, die dem Buddha zuteil geworden war, und setzt zum Verständnis bzw. zur Vermeidung und Fehleinschätzungen die Kenntnis des buddhistischen Menschen- und Gottesbildes voraus, das weder eine unsterbliche Seele noch unsterbliche Gottheiten kennt. Der Buddha, dem kurz zuvor die rechte Einsicht zuteil geworden war, durchschaut die Vergänglichkeit allen menschlichen Wissens und Mühens und auch die Kontingenz der Gottheiten und des Lebens in paradiesischen Welten, weil er Anteil an der höchsten Wahrheit (dem Absoluten) bekommen hat, vor der alles andere relativ wird und verblasst.

Diese Stelle ist daher zum Verständnis des *wahren Buddhismus* sehr wichtig und bietet auch Ansätze und Möglichkeiten zur Selbstkritik von Buddhisten, die immer wieder gegen eine Reduzierung der Lehre des Buddha auf das »allgemeine religiöse Niveau« aufgetreten sind. Das Problem besteht darin, dass die übliche Verehrung der Götter, die gewohnte Frömmigkeit (und sei sie noch so tief) und ein Übersehen der Grunderkenntnis des Buddha von der totalen Relativität und Vergänglichkeit alles Irdischen (auch von als unvergänglicher Wahrheit definierten Lehrsätzen = Dogmen) zu fatalen Missverständnissen und Verkürzungen und damit zur Selbsttäuschung über das tatsächlich Erreichte führen können und daher immer in Frage gestellt werden müssen.

So wird es auch verständlich, dass sich der Buddha und die geistigen Spitzen des Buddhismus immer geweigert haben, inhaltliche Aussagen über *Metaphysisches* (das Nirvāna, Gott, die unsterbliche Seele des Menschen, die Ewigkeit des Heiligen usw.) zu machen und dass dies zu fatalen Missverständnissen geführt hat – z. B. das Nirvāna als *nihilistische Konzeption*. Wenn der Buddha über das Wesen des Nirvāna keine Aussagen machen will oder in Bilder (Gleichnisse) ausweicht, muss man das ernst nehmen und offen lassen, darf keinesfalls daraus eine »Nichtung« z. B. im Sinne Martin Heideggers machen! Das würde das vom Buddha Gemeinte gründlich missverstehen. Anhand der folgenden zwei Beispiele kann das noch besser veranschaulicht werden:

Ebenso wie alle Mangofrüchte an einem Stamm, der sie trägt, dasselbe Schicksal erleiden wie dieser Stamm, wenn er abgebrochen ist, so hat auch der Körper des Tathāgata abgebrochen, was zum Dasein führt. Solange sein Körper existiert, können Götter und Menschen ihn sehen. Nach der Auflösung des Körpers am Ende seines Lebens können Götter und Menschen ihn nicht mehr sehen. (Digha-Nikâya I, 46)

Ebenso wie die Flamme, die, vom Wind berührt, zur Ruhe geht, nicht mehr zu sehen ist, so tritt auch der Weise – befreit von ›Name und Form‹ oder von den fünf unreinen Daseinsgruppen – ein in die Ruhe, ist für niemanden mehr zu sehen … Ihn, der die Ruhe erlangt hat, kann kein Maß messen; von ihm zu sprechen, dafür gibt es keine Worte. Was der Geist erfassen kann, verschwindet. So bleibt jeder Weg zu einer Erörterung verschlossen. (Suttanipâta 1074ff)

Auf diesem Hintergrund bekommt auch der unmittelbar nach dem Tod des Buddha einsetzende Reliquienkult – der nicht zuletzt zur Entwicklung der architektonisch phänomenalen Stupas geführt hat, die teilweise zum Weltkulturerbe gehören – einen negativen Anstrich. Er widerspricht auch der ausdrücklichen Anordnung, die der Buddha noch zu Lebzeiten – wohl in weiser Voraussicht dessen, was die Nachwelt mit seinen sterblichen Überresten treiben wird – gegeben hat, an die man sich aber nicht hielt:

Verschwendet eure Zeit nicht damit, meinem Leichnam zu huldigen, sondern arbeitet mit aller Sorgfalt und allem Fleiß an eurem eigenen geistigen Wohl. Es gibt, Ānanda, unter den Adligen, Brahmanen und Haushaltern weise Männer, die dem Tathâgata ergeben sind; sie werden dem Leichnam des Tathāgata huldigen. (Digha-Nikâya II,141)

Wie man aus dieser zuletzt zitierten Äußerung erkennen kann, ist der Buddha nicht generell so rigoros, sondern nur gegenüber den Mönchen, die sich dem Ideal eines *Arhat* (= Heiliger auf dem direkten Weg zur Vollkommenheit) verschrieben haben. Dem normalen Gläubigen (»Adligen, Brahmanen und Haushaltern« = Nicht-Mönchen) gestattet er durchaus ein pietätvolles Verhalten gegenüber den Göttern und Geistern oder gegenüber seinem Leichnam. Das Buddha-Wort *»Seht das nicht als erklärt an, was ich nicht erklärt habe; seht das als erklärt an, was ich erklärt habe«* (Majjhima-Nikâya), ist zwar überliefert worden, wurde aber nicht beachtet. Ebenso zog man wohl auch aus dem folgenden Vergleich nicht die richtigen Schlüsse:

Eines Tages hielt sich der Erhabene im Shimshapâ-Wald auf, nahm einige Blätter, die von den Bäumen gefallen waren auf und sagte zu den Mönchen: »Was denkt ihr? Sind diese mehr Blätter. Oder sind die Blätter an allen Bäumen in diesem Wald zahlreicher?« – »Der Erhabene hält nur wenige Blätter in seinen Händen; sehr viele Blätter aber sind an allen Bäumen in diesem Wald.« – »Ebenso, ihr Mönche, habe ich Vieles erkannt; nur Weniges habe ich euch gelehrt. Ich habe jedoch nicht gehandelt wie jene Lehrer, die ihre Fäuste schließen und ihre Geheimnisse für sich behalten, denn ich habe euch die Vier Wahrheiten gelehrt. Sie sind es, was von Nutzen ist; sie sind die Prinzipien des religiösen Lebens; sie führen zur Abwendung vom Weltleben, Entsagung, Erlöschung, Frieden, höherer Geisteskraft, vollkommener Erleuchtung, zum Nirvana. Darum habe ich sie euch gelehrt.« (Samyutta-Nikâya)

Der Buddha verurteilte auch den Wunderglauben und das Wunderwirken, das manche Yogis und Fakire zu seiner Zeit praktizierten, um ihre herausragenden übernatürlichen Kräfte zu zeigen, und untersagte dies den Mönchen ausdrücklich.

Durch solche Gedanken und Äußerungen bekommen auch die anderen Weltreligionen einen wichtigen Ansatzpunkt, der ihnen bei ihrer Selbstkontrolle, bei ihrem kritischen Prüfen, bei einer tatsächlichen Erneuerung des Glaubens an den Einen, Absoluten, Transzendenten als eine Art Stachel im Fleisch und damit auch bei einem konstruktiven Dialog der Religionen behilflich sein könnte. Die vorhandenen Ansätze (vgl. z. B. die Initiative Hans Küngs, in Tübingen ein »Gespräch der Weltreligionen« in Gang zu bringen) kranken noch an der Bereitschaft zu jenem radikalen Infragestellen, das Buddha an den Tag legte und das hie und da auch ein christlicher, islamischer, jüdischer oder taoistischer Mystiker erkennen lässt. Diese werden aber sehr oft von beamteten »Glaubenswächtern« behindert, verfolgt, zum Schweigen verurteilt oder mit totaler Missachtung bestraft. Ein konsequent betriebenes GRUNDWISSEN RELIGION könnte im Sinne von Hans Waldenfels (siehe seinen Band »Christus und die Religionen«, Taschenbuchreihe *Topos plus* Bd. 433) das nötige Basis-Wissen für die

Vermeidung der in allen großen Religionen und ihren Theologien feststellbaren Ideologisierungstendenz bereitstellen.

Buddhas erste Predigt (»Ingangsetzen des Rades der Lehre«) vor seinen ehemaligen fünf Gefährten im Gazellenpark von Benares. Moderner birmesischer Künstler.

Die 45-jährige Lehrtätigkeit des Buddha begann in Benares im sogenannten »Gazellenhain« vor jenen fünf Asketen, die er aus der Zeit seiner extremen Askese kannte. Sie begegneten ihm zuerst mit Misstrauen, erfassten dann aber rasch, dass er mittlerweile zum *Tathāgata* (= der von Gott erleuchtete Lehrer von Göttern und Menschen) geworden war, und wurden seine ersten Jünger.

Die Kernsätze dieser berühmten **Predigt von Benares** enthielten jene »Vier Wahrheiten«, von denen oben gerade die Rede war; sie wurde zum Modell der buddhistischen Unterweisung im **Dharma**:

> *Zwei Enden gibt es, ihr Mönche, denen muss, wer dem Weltleben entsagt hat, fernbleiben. Welche zwei sind das? – Hier das Leben in Lüsten, der Lust und dem Genuss ergeben: das ist niedrig, gemein, ungeistlich, unedel, nicht zum Ziel führend. Dort Übung der Selbstquälerei: die ist leidensreich, unedel, nicht zum Ziel führend. – Von diesen beiden Enden, ihr Mönche, sich fernhaltend, hat der Vollendete den Weg, der in der Mitte liegt, entdeckt, der Blick schafft und Erkenntnis schafft, der zum Frieden, zum Erkennen, zur Erleuchtung, zum Nirwana führt …*

Es ist dies ***der Edle Achtfältige Pfad****, der da heißt: rechtes Glauben, rechtes Entschließen, rechtes Wort, rechte Tat, rechtes Leben, rechtes Streben, rechtes Gedenken, rechtes Sichversenken …*
Dies, ihr Mönche, ist ***die edle Wahrheit vom Leiden****. Geburt ist Leiden, Alter ist Leiden, Krankheit ist Leiden, mit Unlieben vereint sein ist Leiden, von Lieben getrennt sein ist Leiden, nicht erlangen, was man begehrt, ist Leiden; kurz, die fünferlei Objekte des Ergreifens sind Leiden.*
Dies, ihr Mönche, ist ***die edle Wahrheit von der Entstehung des Leidens****: Es ist der Durst, der zur Wiedergeburt führt, samt Freude und Begierde, hier und dort seine Freude findend: der Lüstedurst, der Werdedurst, der Vergänglichkeitsdurst.*
Dies, ihr Mönche, ist ***die Wahrheit von der Aufhebung des Leidens****: die Aufhebung dieses Durstes durch restlose Vernichtung des Begehrens, ihn fahren lassen, sich seiner entäußern, sich von ihm lösen, ihm keine Stätte gewähren.*
Dies, ihr Mönche, ist die edle Wahrheit vom Wege zur Aufhebung des Leidens: es ist dies der Edle Achtfältige Pfad, der da heißt: rechtes Glauben, rechtes Entschließen, rechtes Wort, rechte Tat, rechtes Leben, rechtes Streben, rechtes Gedenken, rechtes Sichversenken … Und solange ich, ihr Mönche, nicht von diesen vier edlen Wahrheiten wahrhafte Erkenntnis und Schauen in voller Klarheit besaß, solange, ihr Mönche, hatte ich auch nicht das Bewusstsein, in der Welt Brāhmas die höchste Erleuchtung gewonnen zu haben … Erkenntnis ging mir auf und Schauen ging mir auf; unverlierbare Erlösung des Geistes ist mein; dies alles ist die letzte Geburt; nicht gibt es hinterher Wiedergeburt.« So sprach der Erhabene. Und mit Freude begrüßten die fünf Mönche des Erhabenen Rede. (Mahāvagga)

Die Entwicklung der Gemeinschaft

Neben den fünf ersten Jüngern bildete sich im Laufe der Jahre eine richtige Mönchsgemeinde *(bhiksu)* aus, die durch die Lehrtätigkeit des Buddha im Gebiet des Mittleren Ganges beständig wuchs. Neben den *Eingeweihten,* welche die Mönchsgelübde ablegten und den Kern des buddhistischen Ordens

(Sangha) bildeten, der nach dem Vorbild in Indien bestehender religiöser Gemeinschaften organisiert war, gab es auch eifrige *Haushalter* (= Laien; *upāsaka)*, die zwar die buddhistische Lehre übernahmen, aber ihr Leben in der Welt (Beruf, Familie usw.) weiterführten – und für das leibliche Wohl der Mönche zu sorgen hatten.

Der Buddha war streng zu den Fortgeschrittenen *(arhats)*, aber zugleich tief durchdrungen von der Überzeugung, dass die Menschen entsprechend ihrer Wesensart und des Stadiums ihrer geistigen Reife einer unterschiedlichen Behandlung bedürfen. »Viele unterwies er nur in der Lehre von der karmischen Vergeltung, forderte sie auf, ein sittliches Leben zu führen und verhieß ihnen als Lohn dafür die Wonnen der Himmelswelt oder eine gute Wiedergeburt auf Erden. Denen, die er dafür geeignet hielt, machte er das Elend der Begierden klar und pries ihnen die Vorzüge der Entsagung. Aber nur Auserwählte, denen er die moralische Kraft zu Einhaltung der Mönchsregeln zutraute, nahm er in seinen Orden auf ... Der Erhabene hat nie geglaubt, dass alle Menschen der Welt entsagen und asketisch leben könnten.« (Glasenapp)

Der Buddha schickte die Mönche einzeln zum Predigen aus. Er selbst bekehrte z. B. die drei Brüder Kāsyapa und rund tausend ihrer Schüler, zwei bedeutende Brahmanen, Sāriputra und Maudgalāyana, und den Asketen Mahākāsyapa, die alle drei in der weiteren Geschichte des Buddhismus eine große Rolle spielten. Er kam auch der Bitte seines Vaters nach und lehrte in Kapilavastu, wo er zahlreiche Wunder wirkte und den größten Teil seiner Verwandtschaft bekehrte – unter ihnen Ānanda, seinen wichtigsten »dienenden Schüler« und seinen damals bereits 20jährigen Sohn Rāhula sowie seinen Cousin Devadatta (der später sein Rivale wurde, eine Spaltung verursachte, die Leitung der Gemeinschaft beanspruchte und sogar mehrere Anschläge auf das Leben des Buddha unternahm).

Seit sich Bimbisāra, der König von Magadha, und sein Sohn Ajātashatru zur neuen Religion des Buddha bekannten, verbreitete sich seine Lehre besonders in diesem Teil von Indien. Und bald wurden auch Frauen in den Orden aufgenommen *(bhiksunī)*.

Der Buddha setzte sich auch mit den vielen spirituellen

Lehrern seiner Zeit auseinander, die jeweils Schüler um sich scharten – z. B. mit den *Nigrantha* (= ohne Ort) des Mahāvira, die man später Jainas (= Sieger) nannte und die ebenfalls die Entwicklung zur Hochreligion (Jainismus) geschafft hatten. Im Band »Der Glaube der Hindu« wird näher darauf eingegangen.

Die letzten Jahre seines Lebens verbrachte der Buddha in Radshagirha, der Hauptstadt von Magadha. Als er sich schließlich entschloss, sein irdisches Leben zu Ende gehen zu lassen, verließ er die Stadt und wanderte mit seinen engsten Gefährten in die Gegend von Katmandu im heutigen Nepal. In einem Wald vor der Stadt Kusinagarī, erlitt er einen Anfall von Ruhr und erlag ihm »auf der rechten Seite liegend, zwischen zwei Bäumen, nach Westen gerichtet, den Kopf nach Norden, das linke Bein über die rechte Seite gestreckt, wie eine Flamme, die mangels Brennmaterial erlischt«; in der dritten Wachphase nachdem er die vier Stufen der Meditation durchlaufen hatte, erreichte er mit 80 Jahren den Frieden des endgültigen Nirvāna *(parinirvāna)*. Sein Leichnam wurde verbrannt, und die Asche auf acht verschiedene Stūpas (= Gedenkstätten) verteilt und dort aufbewahrt.

Der Buddha Shākyamuni (Asket) geht ins Parinirvāna (endgültige Lösung aus dem samsāra-Kreislauf).

Diese **Stupas** erhielten in den folgenden Jahrhunderten, als sich der Buddhismus entfaltete und verbreitete, die Bedeutung von Wahrzeichen und enthielten Reliquien des Buddha. Es ging dabei aber nicht nur um seine Asche, sondern z. B. auch um einen »Zahn«, wie der in einem im 3. Jh. v. Chr. auf Sri Lanka nahe der damaligen Hauptstadt Anuradhapura von König Devanam-piya Tissa (250–210 v. Chr.) auf dem Hügel Mihin-tale erbaute Stupa Kantaka-cetiya. Er sollte daran erinnern, dass er hier auf diesem Berg zum ersten Mal dem buddhistischen Mönch *Mahinda,* dem Sohn des großen buddhistischen Kaisers Ashoka, begegnet war, der den Buddhismus nach Sri Lanka brachte. Der »Zahn« wurde nicht in der Stupa gelassen, als die Hauptstadt nach Polonnaruwa verlegt wurde, sondern wurde mitgenommen und bildete den Mittelpunkt des im 12. Jh. erbauten Vatadage (= Rundhaus der Reliquie). Schließlich landete er in Kandy und wurde im Dalada Maligaba (= Tempel des Zahns) aufbewahrt – als Unterpfand für die Autorität des Königs. Kandy ist deshalb bis heute ein wichtiges Pilgerziel.

Im ältesten Stupa von Anuradhapura, dem Thuparama (= Klosterstupa), soll sich das rechte Schlüsselbein des Buddha befinden, das ebenfalls von Mahinda nach Sri Lanka gebracht worden sein soll. Den Mittelpunkt dieses alten buddhistischen Zentrums, das später verlassen und vom Dschungel überwuchert war und erst wieder in den dreißiger Jahren des 20. Jh. freigelegt wurde, soll aber – dem **Mahawamsa,** der in der Pali-Sprache abgefassten alten Chronik von Sri Lanka zufolge – ein Ableger des Bodhi-Baums aus Bodh-Gayâ gebildet haben, den Mahindas Schwester Sanghamitta nach Sri Lanka gebracht hatte.

König Devanam-piya Tissa war damals persönlich dem Schiff, auf dem die kostbare Pflanze gebracht wurde, in das Meer hinein entgegengewatet, habe die »lebendige« Reliquie auf diese Weise persönlich entgegengenommen und habe sie auf dem Gelände des Klosters Mahavihara (= großes Kloster), des ersten Sangha in seinem Land, eingepflanzt. Nahe dem Boddhi-Baum von Anuradhapura befindet sich ein »Wald« von nicht weniger als 1.600 Säulen, die »Messingpalast« genannt werden. Sie sollen ein neun Stockwerke hohes klösterliches Gebäude getragen haben. Im Mahaparinibbana-Sūtra wird über die letzten Worte des Buddha berichtet:

Als nun der Erhabene die Regenzeit angetreten hatte, befiel ihn eine schwere Krankheit. Heftige Schmerzen erhoben sich, die ihn dem Tode nahe brachten ... Da sprach der Erhabene zu den Mönchen also: Es möchte sein, ihr Mönche, dass vielleicht auch nur ein Mönch einen Zweifel oder eine Ungewissheit fühlte über den Buddha, oder die Lehre oder die Gemeinde, oder den Pfad oder die Übung. Fragt, ihr Mönche, damit nicht hinterher ihr voll Reue zueinander sprechen müsst: Von Angesicht zu Angesicht haben wir den Meister gesehen, aber wir haben es nicht über uns vermocht, ihn, wie er noch vor uns stand, zu befragen. Als er so geredet hatte, schwiegen die Mönche.

Der ehrwürdige Ānanda aber sprach sodann zum Erhabenen: Wunderbar, Herr! Staunenswert, Herr! Solchen Glauben habe ich, Herr: In dieser Mönchsgemeinde gibt es nicht auch nur bei einem Mönch Zweifel oder eine Ungewissheit über den Buddha, über die Lehre oder die Gemeinde oder den Pfad oder die Übung.

Der Erhabene aber sprach zu den Mönchen also: Wohlan, ihr Mönche, ich sage euch: der Vergänglichkeit untertan sind alle Gestaltungen. Lasst niemals nach in eurem Streben!

Das war des Vollendeten letztes Wort.

Dann durchmaß der Vollendete die Stufen der Versenkung und ging schließlich in das Nirwana ein ... Im Augenblick seines Nirwana geschah ein großes Erdbeben, ein furchtbares, haarsträubendes, erregendes, und die Trommeln der Götter erdröhnten.

Der Buddha ist – neben Jesus Christus – die wohl am häufigsten künstlerisch dargestellte religiöse Persönlichkeit, wobei es große Unterschiede gibt zwischen einem von Kasteiungen gezeichneten Buddha Shākyamuni, dem Gelassenheit und souveränen Frieden ausstrahlenden Großen Buddha von Bodh-Gaya, dem sonnengleichen kosmischen Buddha **Vairochana** oder dem kommenden letzten Buddha **Maitreya**, der die allumfassende Liebe verkörpern wird. Alle diese Buddhagestalten haben eine Wölbung am Scheitel *(ushnisha)* gemeinsam – wo nach indischer Vorstellung die Seele ein- und austritt; dies weist auf die Erleuchtung hin –, das »dritte Auge« in der Mitte der Stirn – welches die spirituelle Erkenntnis symbolisiert – sowie verlängerte Ohrläppchen – als Zeichen seiner überragenden Weisheit bzw. Allwissenheit.

Verschiedene Darstellungen Buddhas, die sich nicht zuletzt durch die Handstellungen (Mudras) unterscheiden: a) predigend (In-Gang-Setzen der Lehre), b) li: schützend; re: schenkend, c) li: Erde als Zeuge anrufend; re: meditierend, d) auf dem Lotusthron: li: meditierend, re: argumentierend.

Der Dharma – die Lehre des Buddha

Die Lehre des Buddha ist kein Denksystem, keine Philosophie, schon gar nicht eine Theologie, sondern sie ist eine Antwort auf die bittere Erkenntnis, dass alle Erscheinungen in unserer Welt vergänglich sind. Diese Antwort hat er nicht theoretisch gesucht und gefunden, sondern in Auseinandersetzung mit den Ursachen des Leidens, mit falschen oder unzulänglichen Antwortversuchen der indischen Glaubenstradition, in der er stand, und mit einer konsequenten, ja geradezu unerbittlichen existenziellen Überprüfung der Antworten seiner Lehrer, seiner Gefährten und seiner Rivalen.

Siddharta Gautama war ein überragender Mystiker, ein großer Einsamer, der sich in seiner Lernzeit von allen und allem absonderte, was ihn hinderte, die volle Wirklichkeit und reine Wahrheit zu erfassen und von jeder Art von Vorläufigkeit und Scheinwirklichkeit zu unterscheiden. Als er schließlich durch Verinnerlichung, Vergeistigung und Versenkung bis auf den Grund des Seins vordrang, den vollen Durchblick bekommen und seine Wesensvollkommenheit als irdischer Mensch erreicht hatte, erfüllte ihn ein übermenschlich großes Mitleid und eine grenzenlose Liebe und Gelassenheit aller Unvollkommenheit gegenüber. Der Buddha ist diesen seinen Weg aus eigener Kraft gegangen und ist doch kein Selbsterlöser – er hat vielmehr ausgelotet, was im Menschen steckt, und hat den Weg zum transzendenten Heil gewiesen, das er – wie schon die großen Suchenden seines Volkes vor ihm – ***Nirvāna*** nannte. Doch er wusste im Gegensatz zu ihnen, wovon er sprach, und hat es deswegen inhaltlich unbestimmt gelassen, weil er wusste, dass es in menschlichen Begriffen unbegreifbar ist.

Der katholische Theologe Hans Küng hat sich bei seiner »Spurensuche« auf den Wegen der Weltreligionen auch im Dialog zwischen Christentum und Buddhismus engagiert und zitiert dabei den großen Romano Guardini, der bereits 1937 in seinem Christusbuch »Der Herr« (S. 381) erkennen ließ, wie sehr er die Bedeutung des Buddha für die gesamte Menschheit erkannt hat:

Einen Einzigen gibt es, der den Gedanken eingeben könnte, ihn in die Nähe Jesu zu rücken: Buddha. Dieser Mann bildet ein großes Geheimnis. Er steht in einer er-

schreckenden, fast übermenschlichen Freiheit; zugleich hat er dabei eine Güte, mächtig wie eine Weltkraft. Vielleicht wird Buddha der letzte sein, mit dem das Christentum sich auseinander zu setzen hat. Was er christlich bedeutet, hat noch keiner gesagt. Vielleicht hat Christus nicht nur einen Vorläufer aus dem Alten Testament gehabt, Johannes, den letzten Propheten, sondern auch einen aus dem Herzen der antiken Kultur, Sokrates; und einen dritten, der das letzte Wort östlich-religiöser Erkenntnis und Überwindung gesprochen hat, Buddha.

Der Buddha erklärte sich niemals bereit, seiner Lehre die Gestalt eines philosophischen Denksystems zu geben, er äußerte sich nicht zu philosophischen Fragestellungen und auch nicht über Inhalte, die kontrovers sind, weil sie die Vorstellungs- und Fassungskraft des irdischen Denkvermögens übersteigen. Auf viele Fragen antwortete er mit Gegenfragen oder – wie schon erwähnt – aus gutem Grund mit Erzählungen, Bildern und Gleichnissen oder auch mit denkunmöglichen Äußerungen, die man als Vorläufer der *Koāns* des japanischen Zazen-Buddhismus bezeichnen könnte.

Damit – und auch mit seinem Schweigen zu einzelnen Problemen – hat er zwar den einander widersprechenden Interpretationen seiner Schüler oder der verschiedenen *Fahrzeuge* des Buddhismus keinen Riegel vorgeschoben, ist sich aber stets treu geblieben und hat philosophische Spekulationen in keiner Weise gefördert.

Ein gutes Beispiel für die oftmals sokratisch anmutenden Dialoge des Buddha mit seinen Schülern ist der berühmte Dialog mit dem Mönch Mālunkyaputta, der sich darüber beklagt, dass er ihm auf Entweder-Oder-Fragen die Antwort schuldig bleibe:

Ist das Universum ewig oder nicht? Ist es endlich oder unendlich? Ist die Seele das gleiche wie der Körper oder ist sie von ihm unterschieden? – Der Mönch bittet ihn, präzise Antworten auf diese wesentlichen Unterscheidungsfragen zu geben – die man sich in Indien seit Jahrhunderten stellt – oder zuzugeben, dass er darauf keine Antwort wisse.

Der Buddha erzählt ihm darauf die Geschichte von einem Mann, der von einem vergifteten Pfeil getroffen wurde. Ein herbeigeeilter Chirurg will ihn von dem Geschoss befreien, doch der Mann sagt: »Ich werde diesen Pfeil nicht herausziehen lassen, bevor ich weiß, wer mich getroffen hat, ob er ein Krieger oder ein Brahmane war, aus welcher Familie er stammt, ob er klein, groß oder von mittlerer Größe ist, aus welchem Ort er kommt und von welcher Art der Bogen ist, mit dem er mit dem Pfeil auf mich gezielt hat ...« Der Mann starb, ohne Antworten auf diese vielen präzisen Fragen bekommen zu haben. Ebenso geht es dem Menschen, der sich weigert, den Weg der Heiligung zu gehen, bevor er dieses oder jenes philosophische Problem gelöst hat. Ich weigere mich, diese Fragen zu diskutieren, weil es nicht nützlich ist, weil es nicht mit dem heiligmäßigen und spirituellen Leben verbunden ist und nicht zum Ekel vor der Welt, zur Loslösung, zum Aufhören der Begierden, zur Ruhe, zum tiefen Eindringen, zur Illumination, zum Nirvāna beiträgt. Erinnere dich doch daran, dass ich dich die vier ›Edlen Wahrheiten‹ gelehrt habe. (Majjhimanikāya)

Die vier Edlen Wahrheiten

Die **erste** edle Wahrheit betrifft den ***Dukkha*** (= Leiden, Schmerz): Alles ist Leiden. Jeder Kontakt mit irgendeinem der fünf *Skandha* (= Aggregatzustände des Lebens) beinhaltet Dukkha. Und dieser Begriff beinhaltet auch Formen des Glücks, der Meditation usw., weil diese unbeständig sind.

Die **zweite** edle Wahrheit erkennt den Ursprung des Dukkha im ***Trsnhā*** (= Begierde, Durst, Verlangen), der beständig nach neuen Wonnen sucht – sinnliche Freuden, Fortbestehen, Auslöschen usw. –, was zu neuen Inkarnationen führt.

Die **dritte** edle Wahrheit verkündet, dass die Erlösung vom Dukkha in der Zerstörung des Trsnhā besteht, was im ***Nirvāna*** Wirklichkeit wird – einer dem Bereich des Leidens und Werdens diametral entgegen gesetzten Ebene des Nicht-Bedingten *(asamskrta): »Kein Auge, keine Zunge, kein Gedanke kann den Heiligen im vollkommenen Nirvana erreichen, er ist außerhalb von Raum und Zeit.«* (Samyutta-Nikāya IV, 52/3)

Die **vierte** edle Wahrheit schließlich offenbart den ***Weg der acht Glieder*** oder ***Edlen achtfachen Pfad*** zum Erreichen des Nirvana: (1) rechte Meinung, (2) rechtes Denken, (3) rechtes

Wort, (4) rechte Aktivität, (5) rechte Existenzmittel, (6) rechte Anstrengung, (7) rechte Aufmerksamkeit, (8) rechte Konzentration. – Diese acht Schlagworte geben nur die Richtung an, sie muss vom Einzelnen erst konkretisiert werden. »Rechtes Wort« meint z. B. Verzicht auf Lügen, Verleumdung, üble Nachrede, harte Worte, Geschwätz usw.

Die **vier Edlen Wahrheiten** werden auch ***Weg der Mitte*** genannt, da sie analog der indischen Medizin aufgebaut sind: Bestimmung der Krankheit / Entdeckung der Ursache / Entschluss zur Beseitigung der Ursache / Therapie mit geeigneten Medikamenten.

Die fünf Skandha (= Daseinsgruppen)

Der Meditierende entdeckt, dass sowohl die Dinge dieser Welt als auch er selbst keine Substantialität haben und dass er dies im Grunde bejaht und sich gewöhnlich damit abfindet, weil alles in der Welt Existierende sich in die folgenden fünf Aggregatzustände einteilen lässt:

Die ***Gesamtheit der Erscheinungen*** (= des sinnlich Wahrnehmbaren, das sich aus den vier großen Elementen oder aus feinstofflicher Körperlichkeit zusammensetzt).
Die ***Empfindungen*** (die durch den Kontakt mit den Sinnen entstehen und angenehm, unangenehm oder neutral sein können. Sie entstehen aus dem Kontakt der sechs inneren Organe – Auge, Ohr, Nase, Zunge, Körper, Geist – mit sechs äußeren Objekten: Aussehen, Geräusch, Geruch, Geschmack, Berührung, geistige Objekte).
Die ***Wahrnehmungen und Begriffe***, die aus diesen Empfindungen entstehen.
Die bewussten oder unbewussten ***Geistesformationen*** oder ***psychischen Konstruktionen*** (samskāra) oder Reaktionen des Willens auf die sechs äußeren Objekte.
Die ***Erkenntnisse*** bzw. das ***Bewusstsein*** (vijnāna), welche(s) der »Geist« *(manas)* daraus gewinnt.

Mit den Begriffen dieser fünf Daseinsgruppen kann das ganze weite Feld der Lebenserfahrungen des Menschen beschrieben werden. Sie sind durchwegs bedingt, weil sie die ***vier Kenn-***

zeichen des Bedingten aufweisen: Entstehen und Vergehen, Bestehen und Wandel. Diese fünf Daseinsgruppen sind aber nicht das Selbst *(atman)*, denn sonst wären sie nicht der Krankheit und Vergänglichkeit unterworfen und könnten nicht willentlich kontrolliert werden.

Die Welt, in der die Wiedergeburt in ihren fünf Formen stattfindet, besteht aus der **Sinnenwelt** *(kāmadāthu)* – in der die Höllenwesen, Tiere, Gespenster, Menschen und die niedere Götterwelt wiedergeboren werden –, aus der **Feinkörperlichen Welt** *(rūpadhātu)* – bewohnt von den siebzehn Klassen der Brahmā-Götter – und aus der **Unkörperlichen Welt** *(arūpyadhātu)* – in der sich jene Götter aufhalten, die in reiner Geistigkeit existieren und sich der Seligkeit *(samāpatti)* erfreuen und über die Unendlichkeiten und den Gipfel des Daseins *(bhavāgra)* meditieren. All diese Formationen sind im Sinn des Buddha vergänglich und leidvoll, bilden kein Selbst und gehören zu keinem Selbst! Damit setzt sich der Buddha in seinem Dharma deutlich vom Brahmanismus/Hinduismus ab.

Die zwölf Entstehungen in gegenseitiger Abhängigkeit

Darin sah der Buddha das Hauptthema seiner Lehre, weil von ihrer klaren Erkenntnis alles abhängt und nur ihre Überwindung zum Nirvāna führt. Der Buddha wusste, dass diese Kette von Ursache und Wirkung für die Menschen schwer zu begreifen ist. Er wusste sich in der Erkenntnis dieser Kausalität eins mit den Buddhas aller Zeitalter und entschloss sich, sein Wissen nicht für sich zu behalten, sondern seine Lehre dosiert darzulegen. Er drängte sie aber niemandem auf und verlangte keinen Glauben, sondern forderte dazu auf, ihren Wahrheitsgehalt selbst zu prüfen und sich davon zu überzeugen, da sie nur dann greifen und zur Befreiung führen kann.

Durch die (1) ***Unwissenheit*** *(avidyā)* bedingt sind (2) die ***Karmaformationen*** *(samskāra)*, d. h. die zur Wiedergeburt führenden Willensäußerungen. Durch die Karmaformationen bedingt ist das (3) ***Bewusstsein*** *(vijnāna)*; durch das Bewusstsein bedingt sind (4) ***Name und Form*** *(nāmarūpa)*, d. h. die geistigen und physischen Phänomene; durch Name und Form bedingt sind (5) die ***sechs Grundlagen des Bewusstseins*** *(sadāyatana)* – nämlich die »inneren Organe« Auge, Ohr, Nase, Zunge, Körper und Geist; durch diese bedingt ist (6) der ***Kontakt*** *(sparsa)* der inneren Organe mit den »äußeren Objekten«: Aussehen, Geräusch, Geruch, Geschmack, Berührung, geistiges Objekt, was zu den *»sechs Arten des Bewusstseins«* führt: Sehbewusstsein, Hör-, Riech-, Schmeckbewusstsein, Körper- und Geistbewusstsein; durch den Kontakt bedingt ist (7) die ***Empfindung*** *(vedanā)*; durch die Empfindung bedingt ist der (8) ***Durst*** *(trsnā)*, d. h. die leidenschaftliche Reaktion auf das Empfundene; durch den Durst bedingt ist (9) das ***Festhalten*** *(upādāna)* oder die Bindung an die fünf Daseinsgruppen *(s. fünf skandha)*; durch das Festhalten bedingt ist (10) das ***Werden*** *(bhava)* oder die Tat, die die Wiedergeburt herbeiführt (= sexuelle Vereinigung); durch das Werden ist (11) die ***Geburt*** *(jāti)* bedingt, das Erscheinen der fünf Daseinsgruppen und der inneren Organe usw.; durch die Geburt bedingt sind schließlich (12) ***Alter und Tod*** *(jarāmarana)*.

Diese zwölf Glieder beschreiben die bedingte Entstehung der fünf Daseinsgruppen im Laufe von drei aufeinander folgenden Existenzen: Unwissenheit und Karmaformationen gehören zur *vergangenen*, die acht Glieder von Bewusstsein bis Werden zur *gegenwärtigen*, Geburt sowie Alter und Tod zur *zukünftigen* Existenz. Man kann daraus sehen, dass das Rad des Lebens keinen Anfang hat: Leidenschaften und Taten führen zur Geburt, die Geburt führt zu Leidenschaften und Taten und so fort.

Dieses System der *Bedingten Entstehung*, das die Tatsache des *Samsāra*, des anfanglosen Kreislaufs der Wiedergeburten, erklärt, lässt sich vereinfacht auf drei Dinge zurückführen: auf die Leidenschaft, die Tat und deren Ergebnis. Die Leidenschaft verdirbt die Tat, und die Tat führt zu einem bestimmten Ergebnis.

Leidenschaft ist im weitesten Sinn als Antrieb zu verstehen, der in allen Bereichen, also auch im Feinstofflichen und Unkörperlichen – als Sehnsucht, unbedingtes Wollen und Illusion – wirksam wird.

Tat wird verstanden als Willensregung, die in körperliche, sprachliche und geistige Handlungen umgesetzt wird. Der Buddha erkannte – anders als die indische Tradition vor ihm –

den Ort der Tat im Geist; es sind also nur die bewusst gewollten, also streng persönlichen Taten damit gemeint.

Ergebnis wird als Frucht der Tat verstanden, und der Buddha sieht darin immer nur Leiden, weil sich die Leiden in der jeweiligen Daseinsform, in der man wiedergeboren wird, auswirken. So ist jede Tat schädlich – auch wenn sie angenehme Folgen zeitigt –, weil sie den Täter im Samsāra festhält.

Der einzige Ausweg besteht daher im Nicht-Tun und im Bekämpfen und Vernichten der Leidenschaften; nur so kann der Mensch dem Kreislauf entgehen und in die Transzendenz des Nirvāna eingehen.

Der Weg zum Nirvāna

Der ***Edle achtgliedrige Pfad*** (= die vierte der *Edlen Wahrheiten*) lässt sich auch auf drei Grundelemente zurückführen, die unerlässlich sind, um den Geist von Unreinheiten *(āsrava)* zu befreien und auf das Un-Bedingte, den Eingang in das Nirvāna vorzubereiten: Sie lauten Sittlichkeit, Sammlung und Wissen.

Sittlichkeit *(sīla):* Sie besteht nach der Lehre des Buddha in bewusster und willentlicher Enthaltung von falschem Verhalten des Körpers (Tötung von Lebewesen, Diebstahl, Unzucht), der Sprache (Lüge, Verleumdung, barsche und unnütze Rede) und des Geistes (Gier, Feindseligkeit, falsches Denken). Das Ziel ist: jede Handlung zu vermeiden, die jemand anderen verletzen könnte. Von den Laien verlangte der Buddha nur die Beachtung der folgenden fünf ***Sittenregeln*** (Selbstverpflichtungen = *pancasilā*): Vermeidung von Tötung, Diebstahl, Lüge, Unkeuschheit und Genuss von Rauschmitteln, weil dieser zur Unbedachtsamkeit und damit zum Bruch der vier Hauptregeln führt. Traditionellerweise verpflichten sich fromme Laien an bestimmten Festtagen noch zu weiteren Enthaltungen: Sexualverkehr, Mahlzeiten nach Mittag, Benutzung von Parfums und Salben, Tragen von Schmuck, Teilnahme an öffentlichen Belustigungen, Benutzung prachtvoller Betten.

Sammlung *(samādhi):* Darunter versteht der Buddha die Konzentration des Geistes auf einen Punkt und wird gewöhnlich durch neun aufeinander folgende Stufen der Meditation erlernt; zu Beginn übt der Geist noch seine natürlichen Aktivitäten aus (Wahl eines Gegenstands der Meditation und wohldurchdachte Beurteilung desselben), dann befreit er sich davon und wird zunehmend klarer. Auf der neunten Stufe zerstört er durch Wissen jede Wahrnehmung und Empfindung und erlangt die *Erleuchtung* (= das *nirvāna* in dieser Welt). Die Sammlung kann noch durch den *Hellblick (vipasyanā)* vervollkommnet werden und aktiviert im Meditierenden sechs höhere *Geisteskräfte (abhijnā):* magische Kraft, himmlisches Auge, Gedankenlesen, himmlisches Hören, Erinnerung an frühere Existenzen, Zerstörung der Unreinheiten (die sechste ist bereits eine überweltliche Geisteskraft). Der Buddha empfahl darüber hinaus noch, beim Meditieren Gedanken der Güte *(maitrī)*, des Mitleids *(karunā)*, der Mitfreude *(muditā)* und des Gleichmuts *(upeksā)* in alle Richtungen auszustrahlen und die ganze Welt in diese grenzenlosen Empfindungen einzuhüllen.

Wissen *(prajnā):* Das ist auf dem Weg des Buddha das letzte und wichtigste Element, denn durch Sammlung allein kann man nicht die vollkommene Reinheit des Geistes erreichen und in die Ruhe und den Frieden des Nirvāna eingehen. Unter diesem Wissen versteht der Buddha eine klare und präzise Einsicht und Zusammenschau der gesamten Lehre. Wenn nämlich dieses Wissen völlig frei ist von Verblendung und Irrtum, erkennt der Geist die wahre Natur der Dinge – nämlich deren Bedingtheit –, zerreißt dadurch die letzten Verbindungen mit der Welt und wird sich seiner »Befreiung durch Wissen« *(prajnāvimukti)* bewusst.

Rad der Lehre mit den 8 »Speichen«, die zum Nirvāna führen.

Leben im Sangha – die buddhistische Gemeinschaft

Die radikale Erlösungslehre des Siddharta Gautama bezieht sich – mehr als jede andere Religion – auf den Einzelnen, da nur jeder selbst den Weg der Reinigung und Befreiung von allen Bedingtheiten gehen kann. Trotzdem war die Lehrweise des Buddha nicht monoman oder egozentrisch – auch wenn er sich in allem auf die von ihm selbst gemachten Erfahrungen stützte –, sondern ausdrücklich und von Anfang an auf Gemeinschaft *(sangha)* bezogen.

Er selbst ging seinen Weg bis zur Erleuchtung zwar scheinbar über weite Strecken hin allein – aber doch sozusagen auf den Schultern der *Buddhas* vor ihm, deren Lehren er *intuitiv* zur Verfügung hatte und von denen er deshalb im Voranschreiten seiner spirituellen Entwicklung mehr und mehr beeinflusst werden konnte.

Das ist die wichtige Botschaft jener Überlieferungen, die wir gewohnt sind, *Legenden* und *Mythen* zu nennen und die wir als aufgeklärte, rationalistisch orientierte Menschen für wenig wichtig, viel zu naiv, stereotyp oder übertrieben halten und daher gerne folkloristisch und nicht spirituell interpretieren. Damit werden wir ihnen aber nicht gerecht und verkürzen vor allem auch die Perspektive, unter der die Bedeutung des Buddha (auch für Nichtbuddhisten) und der ungeheuer breite Horizont seines asketischen Programms gesehen werden müssen.

Der so penibel denkende, analysierende und beurteilende Buddha zwingt darüber hinaus jeden, der sein Denken und seinen geistigen Weg nachvollziehen will, dazu, seine eigenen Bedingtheiten (z. B. religiösen Vorverständnisse und Vorurteile, seine konfessionellen Engführungen sowie Verabsolutierungen von Einzelmeinungen und dergleichen mehr) zu hinterfragen, als solche zu durchschauen, genau zu prüfen und zu distanzieren – und auf der anderen Seite das dadurch Zur-Seite-Geschobene objektiv zu reflektieren, sich in die Perspektive des Buddha zu begeben, auf die darin enthaltene Botschaft zu hören und sie dann erst zu prüfen. Alles andere wäre leichtfertig – auch wenn es den Anstrich des Wissenschaftlichen hat

–, weil überall, also auch und gerade in den Wissenschaften, Vorverständnisse und daher »Begrenzungen« im Spiel sind.

Als der Buddha in Gāya unter dem Bodhi-Baum zur Erleuchtung kam und das Parinirvāna erreichte, entschied er sich deutlich *gegen* den ichbezogenen Weg und *für* die Solidarität mit der im Leiden *(duhkha)* verstrickten, unwissenden Menschheit. Und als er im Gazellenhain bei Benares das *Rad der Lehre* zu drehen begann, tat er dies vor seinen ehemaligen fünf Gefährten, die ihm während der Jahre seines überstrengen Asketentums beigestanden waren, ihn dann aber verlassen hatten, als sie ihm nicht mehr folgen konnten, weil er in eine andere Dimension eintauchte. Jetzt hatte er sie wiedergefunden, und sie waren bereit, seine Lehre zu hören (in die seine früheren Erfahrungen eingeflossen waren) und in den Strom einzutreten, der zum Nirvāna führt und jeden trägt, der sich darauf einlässt, ihm und seinem Dharma zu folgen.

Diese beiden spirituellen Ereignisse sind deshalb der Ursprung und das Fundament des ***Sangha***, der **prägenden buddhistischen Gemeinschaft**, die in vielem nach dem Vorbild der brahmanisch-hinduistischen Orden sowie auch nach dem Vorbild der etwas früher entstandenen und noch stärker als im Buddhismus auf ein monastisches Leben ausgerichteten Jaina-Mönche gestaltet wurde. Aus beiden Richtungen kamen auch viele Schüler des Buddha. Sie boten viele im praktischen Leben erprobte Erfahrungen an, wie ein dazu bereiter Mensch am besten mit anderen zusammen die Lehre des Buddha aufnehmen und umsetzen kann.

Da es im ursprünglichen Buddhismus keine Riten und Opfer gab, keine Hierarchie und kein dogmatisiertes Denksystem, das man gemeinsam studierte, dominierten auch in der Gemeinschaft das Alleinsein und die Selbsttätigkeit:

> *Nach der Mönchsweihe lebt der Mönch allein und zurückgezogen, fleißig, voller Energie und ist Herr seiner selbst. Und bald, noch in diesem selben Leben, erreicht er durch sein eigenes Verständnis und seine eigene Erkenntnis den höchsten Gipfel reinen Wandels, für den die Söhne aus guten Familien aus dem häuslichen Leben in die Hauslosigkeit ziehen, und er verweilt dabei. Er bekennt: »Ich habe die Edlen Wahrheiten erkannt. Zu Ende sind die Wiedergeburten, ich habe das reine Leben gelebt; was zu tun war,*

ist getan worden; es wird nach der gegenwärtigen keine weitere Existenz mehr für mich geben.« (Divyāvadāna, 37)

Im **Majjihima Nikāya** ist überliefert, wie der Buddha selbst den Sinn seiner Ordensgründung beschreibt:

Da hört ein Hausvater, der Sohn eines Hausvaters oder ein in einer anderen Familie Wiedergeborener die Lehre. Nachdem er sie gehört, gewinnt er Vertrauen zum Vollendeten, und er sagt sich: »Voller Hindernisse ist das häusliche Leben, eine Stätte der Unreinheit. Wie der freie Himmel aber ist die Hauslosigkeit. Nicht leicht ist es, im häuslichen Leben einen fleckenlosen, heiligen Wandel zu führen. Wie, wenn ich mir nun Haar und Bart scherte, das gelbe Gewand anlegte und fortzöge in die Hauslosigkeit?« – So gibt er sein Vermögen und seinen Verwandtenkreis auf, schert Haar und Bart, legt das gelbe Gewand an und zieht in die Hauslosigkeit.

So in die Hauslosigkeit gezogen, erfüllt er die Lebensregeln der Mönche: Er vermeidet das Verletzen lebendiger Wesen, ist voll Mitgefühl und Erbarmen zu allen Wesen. Er vermeidet das Stehlen, nimmt nur das Gegebene und ist reinen Herzens. Er vermeidet die Unkeuschheit, lebt rein und enthält sich des geschlechtlichen Verkehrs. Er vermeidet die Lüge, spricht nur die Wahrheit und täuscht niemanden. Er vermeidet die Zwischenträgerei, vermeidet grobe Worte und leeres Geschwätz. Er vermeidet es, Keim- und Pflanzenleben zu zerstören. Er speist nur einmal am Tag, besucht keine Tanzvorstellung, Gesangs- und Musikveranstaltungen und dergleichen, schmückt sich nicht mit Kränzen, Wohlgerüchen oder Salben, schläft nicht in hohen und breiten Betten, nimmt kein Gold oder Silber an, kein rohes Getreide oder rohes Fleisch, keine Diener oder Dienerinnen, besitzt keine Haustiere usw. Er ist zufrieden mit dem Gewand, das seinen Körper schützt, und mit der Almosenspeise, die seinen Magen füllt. (I, 179f.)

Die Grundstruktur der buddhistischen Gemeinschaft

Der Überlieferung zufolge hat der Buddha seine ersten Jünger zu Mönchen erzogen. Die **Aufnahmezeremonie** erfolgte in einfachster Form:

Nachdem der Kandidat die Lehre geschaut, erworben und erkannt hat, in sie eingetaucht ist, er den Zweifel verloren, die Unsicherheit beseitigt, festes Vertrauen erlangt und ohne fremde Hilfe volles Verständnis der Unterweisung des Lehrers gewonnen hat, bittet er um die Mönchsweihe: »Möge ich, o Herr, in Gegenwart des Erhabenen zur Weltflucht (pravrajyâ = Verlassen des Hauses) gelangen, die Mönchsweihe (upasampad) *empfangen. Möge ich, in Gegenwart des Erhabenen, den reinen Wandel* (brahmacarya) *üben.« Darauf antwortete der Buddha: »Komm, Mönch; die Lehre wurde gut dargelegt, übe den reinen Wandel, um dem Leiden ein endgültiges Ende zu setzen.«*

Auf diese Weise wurden sehr schnell die ersten sechzig Mönche bekehrt, eingeübt, geweiht, ihr Geist von allen Unreinheiten befreit, und sie erreichten die *arhatva* (= Heiligkeit). Die Entwicklung des Buddha dauerte deshalb länger, weil er keinen Lehrer hatte und weil sein Verständnis der Wahrheiten viel vollkommener ist. Denn die Erleuchtung der Arhats durchdringt nur die allgemeinen Eigenschaften der Dinge, während der Buddha Allwissenheit erwarb und der besonderen Eigenschaften der Dinge inne wurde.

Fünf Jahre nach der Erleuchtung des Buddha kam seine Tante, Mahâ-Prajâpatī Gautamī, mit 500 Gefährtinnen zu ihm und bat um Erlaubnis, es den Mönchen gleichzutun und ebenfalls als Hauslose leben zu dürfen und geweiht zu werden. Nachdem der Buddha dies dreimal abgelehnt und die Frauen auf diese Weise geprüft hatte, gestattete er ihre Ordination und ließ sie durch den Mönch Nandaka unterweisen.

Seine ersten 60 Mönche soll der Buddha mit den folgenden Worten ausgesandt haben, die Lehre zu verbreiten:

Geht, Mönche, und macht euch auf den Weg zum Wohle und Glück der Menschen, aus Mitleid mit der Welt, zum Wohle und Glück von Göttern und Menschen! Keine zwei von euch sollen denselben Weg nehmen. Predigt die Lehre, Mönche, die fein ist zu Beginn, in der Mitte und am Ende, mit ihrem Sinn und ihrem Wortlaut rein und vollständig und verkündet das reine, heilige Leben! Es gibt Wesen, die von Natur aus wenig leidenschaftlich sind, die leiden, weil sie die Lehre nicht gehört haben; die werden sie verstehen.

Demnach ist es die **Hauptaufgabe des Sangha**, die Lehre zu bewahren und den wahren Buddhismus lebendig zu halten. Konkret bedeutete dies auch die Erhaltung der Schriften, das heißt, die Bildung eines *Kanons* (= geprüfte, autorisierte, reine Lehre), und die Anwendung der Lehre auf die verschiedensten Situationen, die bei der Unterscheidung von wahr und falsch und beim Verständnis des vom Buddha ursprünglich Gemeinten hilfreich sein konnte.

Der buddhistische Sangha hat also manches mit den hinduistischen Orden und auch mit den christlichen Ordensgemeinschaften und den islamischen Sufi-Bruderschaften gemeinsam, unterscheidet sich aber doch stark von ihnen, weil es für den buddhistischen Mönch keine eigentliche Werkgerechtigkeit gibt. Die Regeln dienen praktischen Zwecken, sind Hilfe, kein Selbstzweck, deshalb »spielt es auch letztlich keine Rolle, wie genau äußerliche Observanzen eingehalten werden. Die Regeln sind nach einem berühmten Gleichnis wie ein Floß, mit dessen Hilfe man an das andere Ufer eines Flusses gelangt. Wenn das Floß seinen Dienst erwiesen hat, so lässt man es liegen und trägt es nicht auf den Schultern weiter; denn dann würde es nur zur Last.« (H. Bechert)

Womit wir uns hier beschäftigen, ist **der älteste Sangha** – zu Lebzeiten des Buddha. Er setzte sich aus **vier Versammlungen** zusammen: aus zwei *hauslosen* (Bettelmönche = ***bhiksu*** und Bettelnonnen = ***bhiksunī***) und zwei haushaltenden (Laien männlichen Geschlechts = **upāsaka** bzw. weiblichen Geschlechts = **upāsikā**).

Die Hauslosen unterscheiden sich von den Haushaltern durch ihre Kleidung, ihre Lebensweise und vor allem durch ihre Zielsetzung: Die Mönche gehen den **direkten Pfad zum Nirvāna**, die Laienanhänger begeben sich dagegen zuerst auf den **Pfad zu den Himmelwelten**.

Das Regelbuch

Unter den 220 im sogenannten **Regelbuch** *(Prātimoksa)* enthaltenen Disziplin-Vorschriften (für die Nonnen gibt es fast doppelt so viele) hebe ich einige heraus:

Der Eintritt in den Orden steht *allen offen*, die frei über ihre Person entscheiden können, die keine Verbrechen begangen haben und nicht an einer ansteckenden Krankheit leiden.

Kastenunterschiede gelten nicht.

Die eingegangenen ***Verpflichtungen*** gelten nicht für sein ganzes Leben, er kann den Orden aus triftigen Gründen wieder verlassen und in den Laienstand zurückkehren, ebenso aber wieder um Aufnahme in den Orden ansuchen.

Der ***Eintritt*** erfolgt in zwei Etappen: Weltflucht *(pravrajyā)* und Mönchsweihe *(upa-sampad).*

Zur ***Weltflucht*** kann man frühestens mit acht Jahren zugelassen werden; man sucht sich einen Meister *(upādhyāya)* und einen Lehrer *(ācārya),* deren Schüler *(antevāsin)* man jetzt ist. Nachdem einem die Haare (oder auch der Bart) geschoren wurden, wirft man sich vor dem Meister nieder und sagt dreimal, dass man seine Zuflucht zum Buddha, zum Dharma und zum Sangha der Mönche nimmt. Danach unterweist einen der Lehrer in den acht Grundregeln *(astānga sīla).*

Dadurch wird der Kandidat ein ***Novize*** (srāmanera).

Die ***Mönchsweihe*** kann nicht vor dem 20. Lebensjahr erteilt werden.

Der Ritus der ***Mönchsweihe*** (upasampad) wird von einer Versammlung von zehn Mönchen erteilt und erfolgt nach einer detailliert ausgearbeiteten Abfolge: Mit einer Bettelschale und drei Gewändern (Obergewand, Untergewand, Mantel) versehen bittet der Novize dreimal um die Mönchsweihe; er wird nach evtl. Hindernissen, nach Name, Alter und seinem Meister befragt; dann folgt der Antrag und der Vorschlag zur Annahme durch das Kapitel (dreimal); wenn das Kapitel schweigt, gilt die Mönchsweihe als angenommen; Tag und Stunde werden notiert (denn nach der Dauer der Zugehörigkeit bemisst sich der zukünftige Rang des neuen Mönchs); dann werden ihm die vier Regeln für das Mönchsleben *(nisraya)* und die vier großen Verbote (deren Nichtbeachtung ihn aus der Gemeinde ausschließt) mitgeteilt: Geschlechtsverkehr, Diebstahl, Mord, fälschliche oder eigennützige Anmaßung geistiger Vollkommenheit.

Der Ritus der ***Nonnenweihe*** ist im wesentlichen gleich. Abweichungen gibt es beim Alter: Mädchen unter zwanzig und Frauen, die länger als zwölf Jahre verheiratet sind, müssen vor der Zulassung zur Weihe eine zweijährige Probezeit absolvieren und sechs Verbote einhalten: Töten, Stehlen, Unkeuschheit, Lüge, Genuss berauschender Getränke, Mahlzeiten außerhalb der zugelassenen Zeit. Bei der Weihe erscheint sie mit Bettelschale und fünffachem Gewand (zu den drei Mönchsgewändern noch Gürtel und Rock) zuerst vor einem Nonnenkapitel, dann vor einem Mönchskapitel; durch acht Bestimmungen wird sie in völlige Abhängigkeit von den Mönchen gestellt (z. B. alle 14 Tage Unterweisungen von der Gemeinde der Mönche erbitten, sie selbst darf keinen Mönch unterweisen oder tadeln)

Ein Mönch lebt von der ***Nahrung***, die er täglich während seines morgendlichen Almosengangs erbettelt; er geht mit gesenktem Blick von Haus zu Haus und lässt sich fertige Speisen in seine Schale füllen. Mittags zieht er sich an einen einsamen Ort zurück und nimmt die Speise mit Wasser zu sich. Bei Einladungen ist es den Mönchen erlaubt, die einmalige Mahlzeit im Haus des Einladenden einzunehmen. Es gibt eine große Zahl detaillierter Anweisungen, was er nicht essen darf.

Die Mönche wohnen allein und an ***keinem festen Ort***: unter freiem Himmel, auf oder unter einem Baum, in einer Hütte aus Blättern, Zweigen, aber auch in einem Haus aus Stein oder in einer Höhle. Prinzipiell allein, aber auch nahe beisammen in einem »Kloster« *(saṅghārāma)*.

Während der ***Regenzeit*** (Juni bis Oktober) muss man an einem festen Ort bleiben. Daraus und durch Schenkungen von Gebäuden entwickelte sich bald eine Lockerung der Regel, keinen festen Wohnsitz zu haben, und es entstand der Brauch, in Zellen zu leben (wie in christlichen Orden).

Das ***tägliche Leben*** ist genau geregelt: frühe Tagwache – Meditation – Ankleiden zum Almosengang – Rückkehr ins Kloster – Fußwaschung – Mahlzeit – Unterweisung von Schülern an der Schwelle seiner Unterkunft – Ruhepause an einem abgeschiedenen Ort (z. B. unter einem Baum) in Halbschlaf oder Meditation – bei Sonnenuntergang Stunde der Audienz für Außenstehende – Bad – Unterweisung von Schülern bis in die erste Nachtwache hinein.

Zweimal im Monat (zu Vollmond und Neumond) Versammlung der Mönche und gemeinsamer Tag *(posadha)* – jedes zweite Mal Ablegen der Beichte

Mönch in Rangun/Birma nimmt Spende entgegen.

Fest des Endes der Regenzeit (pravārāna): Zu diesem Fest werden die Mönche beschenkt, zum Essen eingeladen, werden Prozessionen abgehalten etc.

Kathina-Fest: Die Laien verteilen unter den Mönchen Tücher aus Rohbaumwolle *(kathina)*, die von den Mönchen gelb oder rötlich gefärbt und zu Kleidungsstücken verarbeitet werden.

Genau geregelt sind auch die Konsequenzen aus dem folgenden Grundgebot: Der Mönch soll ***aktive Tugenden*** (Brüderliche Barmherzigkeit, Hilfsbereitschaft, Wohlwollen, Dienstleistungen, Beraten, Trösten, Gemeinschaftsleben, Freundschaft etc.) meiden und den Laienanhängern überlassen und sich voll den ***passiven Tugenden*** (Verzicht, genaue Regelbefolgung, Einsamkeit, Streben nach persönlicher Heiligkeit, nach Reinigung, nach Freiwerden vom Begehren, nach Sammlung, Meditation … nach dem Nirvāna) widmen.

Dieses alternative Mönchsleben bietet seit dem Zweiten Weltkrieg auch für viele Europäer oder Amerikaner einen Anreiz, es einmal aus eigener Erfahrung kennen zu lernen. Früher als die Teilnahme an »Schnupperwochen« in katholischen Klöstern haben sich Urlaube in buddhistischen Klöstern als spiritueller Geheimtipp herumgesprochen. Der folgende Bericht stammt von einem jungen Amerikaner (die andersartige Schreibweise buddhistischer Ausdrücke wurde belassen):

Um 4 Uhr morgens wird vom Hausmeister die Glocke geläutet, die Mönche stehen auf, waschen sich und legen ihre gelben Gewänder an, den Sabong (Untergewand), der um die Hüften befestigt wird, den Ciiwaun (Obergewand), der die Schultern bedeckt, und den Sangkhaati (eine Art Mantel). Dann knien die Mönche auf dem Boden nieder und entzünden am Altar vor dem Buddhabild Kerzen oder Räucherstäbchen. Darauf verbeugen sie sich dreimal bis zur Erde und nehmen die Sitzhaltung phabphiab ein. Dann singen sie den Gruß an Buddha, das Dhamma und den Sanga (Lehre und Orden). Darauf werden buddhistische Texte gesungen. Nachher übertragen die Mönche ihr Verdienst auf alle Arten von Lebewesen und ändern wieder die Haltung zum Meditationssitz. Nach einigen Minuten der Meditation verlassen sie ihre Kuti (Wohnung) und machen einen Spaziergang. Dabei gehen sie gewöhnlich zu zweit und offenbaren einander alle Verstöße gegen die Ordenszucht. Darauf kehren sie in ihr Kuti zurück, legen die Oberkleider ab und ruhen sich aus.

Dann (nach Sonnenaufgang) ziehen sie sich wieder an und verlassen mit Almosenschalen in Händen das Kloster, um Speiseopfer von den Laien zu erbetteln. Gegen sieben kehren sie zurück und frühstücken in ihrer Kuti. Nach dem Essen erteilen sie allen Spendern den rituellen Segen. Um 8.15 ruft die Glocke alle in den Gemeinschaftsraum zum zeremoniellen Morgengesang. Die älteren Mönche sitzen vor den jüngeren, alle in Reihen nach dem Altar zu ausgerichtet. Um 8.30 betritt das Oberhaupt des Klosters den Raum und entzündet Kerzen und Räucherstäbchen am Altar des Buddha. Währenddessen knien alle nieder und legen

Morgenandacht tibetischer Mönche mit dem Dalai Lama im Exil in Dharamsala.die gefalteten Hände an die Stirn. Dann singen alle den Begrüßungsgesang und Sutras.

Gegen 9 Uhr vermittelt der Caw-awaad (Abt) den Mönchen Abschnitte aus der Ordenszucht und der Lehre. Nach einer halben Stunde verlassen alle den Raum und begeben sich in ihr Kuti, um sich auf den abendlichen Unterricht vorzubereiten.

Zwischen 11 und 11.30 beginnen die Mönche mit ihrer Hauptmahlzeit (was sie gesammelt haben oder was frisch zubereitet wurde). Nach einer Zeit der Ruhe lesen sie bis etwa 17 Uhr, nehmen ein Bad und ruhen.

Um 18 Uhr ruft die Glocke zur Zusammenkunft im Bood (Gemeinschaftsraum). Die Mönche gehen zu zweit und bekennen einander Verstöße, die sie seit dem Morgen gegen die Ordenszucht begangen haben. Die Abendandacht besteht wieder im Singen verschiedener Sutras und im Verteilen der Verdienste auf alle lebenden Wesen. Nach einer 3/4

Stunde kehren alle in ihre Kutis zurück. Um 19.30 beginnen die abendlichen Dhammakurse. Sie enden gegen 21.30. Vor dem Ende des Unterrichts stellen die lehrenden Mönche Aufgaben für die nächste Zusammenkunft.
Nach dem Abendunterricht dürfen die jüngeren Mönche die älteren besuchen und ihnen Fragen stellen. Dann kehren sie in ihr Kuti zurück und bereiten sich auf den Unterricht des nächsten Tages vor. Vor dem Schlafengehen (längstens um Mitternacht) vollziehen sie noch eine Andacht vor ihrem Buddhabild und meditieren.

Veränderungen des Sangha

Der **Sangha** spielte – als das dritte buddhistische Juwel nach Buddha und Dharma – in der gesamten Entwicklung, Entfaltung und Geschichte des Buddhismus bis heute eine wichtige Rolle, wobei die ursprüngliche Form und Bedeutung der »buddhistischen Gemeinschaft« natürlich ebenso wie die Gestalt und Verehrung des **Buddha** und die Inhalte und Akzente seiner **Lehre** beträchtliche Veränderungen erfahren haben. Diese Veränderungen sind bei einer Weltreligion, die im Laufe ihrer mehr als 2.500 Jahre umfassenden Geschichte in sehr verschiedene Kulturkreise und Mentalitäten Eingang gefunden hat, unter keiner zentralen Leitung steht und sich als ungewöhnlich flexibel erwiesen hat, selbstverständlich und stellen daher keine Abweichungen dar, sondern verschiedene Konkretionen, die sich aus den jeweiligen Umständen ergeben.

Entwicklung und Entfaltung des Buddhismus

Der älteste Buddhismus

Der Buddhismus jener Schülerschar des Buddha, die nach dem Tode des Gautama Siddharta im Jahr 480 n. Chr. einige zehntausend Männer und Frauen umfasste und unter dem Namen *Alte Schule der Weisheit* bekannt war, war von Anfang an antibrahmanisch eingestellt wie die damals weit verbreitete anarchische Asketenbewegung, sie lag aber ansonsten nicht auf deren Linie, die auch viele Elemente des vor-arischen Indien – schamanische Riten und ein der frühen indoarischen Agrarkultur entstammendes Pantheon von Gottheiten und Dämonen – aufgegriffen hatte, sondern vollzog eine geistige Revolution, die den Suchenden erst allmählich bewusst wurde.

Das Geheimnis des großen Erfolgs des frühen Buddhismus bestand darin, dass er religiöse Elemente verschiedener Herkunft so zu verbinden und mit neuem Sinn zu füllen verstand, dass er eine neue Religion brachte, die von den Fesseln der Brahmanen frei war, sich gleichzeitig auf bekannte Elemente stützte und den einzelnen Menschen, seinen Lebenssinn und seine geistige Vervollkommnung, in den Mittelpunkt ihrer Belehrung, ihrer Spiritualität und ihrer Gemeinschaft stellte.

Dieser älteste Buddhismus lehnt zwar die Autorität der Veden ab, übernimmt aber doch fast alle religiösen Vorstellungen des Brahmanismus, deutet dabei jedoch dessen Wesen um. Es ist in vielem daher eher eine neue Haltung als eine neue Lehre, es geht ihm um eine Demokratisierung und Verallgemeinerung der traditionellen (indischen) Religion, wodurch die Aufspaltung in soziale und rassische Gruppen (Kasten) beseitigt wird. Er wendet sich an den einzelne Menschen und führt als Wichtigstes das ethische Element in die traditionellen magischen und rituellen Schemata der Überlieferung ein; dadurch spiritualisiert er die alten religiösen Praktiken und predigt einen Geist der Mäßigung (Weg der Mitte), der alle Extreme vermeidet; er vermittelt ein praktisches Streben, das direkt auf die Erlangung des Heils zielt und alles entfernt oder relativiert, was dafür nicht unbedingt notwendig ist.

Der ursprüngliche Buddhismus hat viele Gewohnheiten und Regeln der hinduistischen Wanderasketen übernommen, damit auch die Praxis des Yoga – allerdings kaum die Meditationstechnik des Hathayoga, sondern eher den dahinter stehenden Sinn und die damit verbundene soziale Gleichheit: Jeder kann selbst die Befreiung vom Leid erlangen, alles hängt vom persönlichen Verdienst ab, von der inneren »Reinigung« als dem Ergebnis eines langen geistigen und sittlichen Bemühens. Die Verhältnisse der Geburt, des Milieus, und die Macht der Priester sind unwichtig geworden.

Dies zog dann innerhalb weniger Jahrhunderte nicht nur die Elite, sondern auch die Massen an und gab dem Buddhismus insgesamt einen ungeheuren Auftrieb. »Die Brahmanen hatten sich mit der Ausübung der Opferpraxis die Vermittlung der Beziehungen zur Transzendenz vorbehalten ... Es gab daher keine wirkliche Individualität, sondern alle Gegenwart war im Grunde nur geronnene Vergangenheit ... Auch die Yogins gingen in diesem Kollektiv auf. Sie dachten, in ihre Meditation versunken, einzig daran, das Jenseits zu erobern. Weder die Brahmanen noch die Yogins oder die übrigen Kasten hatten das Problem der Leidhaftigkeit der Existenz erkannt und nahmen das Leid des Daseins als unvermeidliches Schicksal hin. Das Leben endete für sie mit der Reise der Seele zum Mond und mit einer neuen Wiederkehr ... Die buddhistische Lehre aber richtete den Blick auf den Menschen. Indem der Buddha die Götter entthronte und die Kastenordnung ignorierte, verhalf er dem ›Individuum‹ zur Geburt.« (M. Percheron)

Diese revolutionäre Position des Buddha war in den 45 Jahren seiner Lehrtätigkeit in unzähligen Gleichnissen, Bildworten und Anekdoten versteckt und kam nur relativ Wenigen zu Bewusstsein. Dies zu ändern und die Lehre des Erhabenen auch an die Masse heranzutragen, gelang erst seinem Schüler ***Shariputra.***

Dieser Sohn eines Brahmanen aus Magadha war ein Schüler des Asketen *Sanjaya*, der mit bewusstem Einsatz der Skepsis einen Ausbruch versuchte. Als er den Buddha predigen hörte, schloss er sich ihm an und wurde der große Organisator des ältesten Buddhismus. Er fasste die Lehraussagen in griffigen Worten und Sätzen zusammen, die jedermann verstehen und sich merken konnte, und systematisierte den neuen Ansatz.

Im Zentrum dieser *Schule des Shariputra* (M. Percheron)

stand die **Prajna (= Erkenntnis),** die praktische Weisheit, die imstande war, das Neue der Lehre des Buddha, zu erfassen. Wichtig waren ihm auch der Glaube, die Festigkeit, die Geistesgegenwart und die Konzentration. Auch das bedeutungsvolle Wort *arya* (= Herr) wurde von ihm verwendet, aber es bedeutete nicht mehr den Adel der Geburt oder die Reinheit der Kaste, sondern die persönliche »Heiligkeit«, die vor allem durch die Übung der beiden Haupttugenden *maitri* (= **Freundschaft** zu allen Wesen) und *karuna* (= **Mitleid** als Solidarität im Leiden) erreicht wird. Damit ist dieser frühe Buddhismus die erste große Religion der Liebe und Brüderlichkeit!

Der **Arhat** (= Heiliger) ist der Idealmensch, der eine gewisse Höhe seiner geistigen Entwicklung erreicht hat, aber noch vor der endgültigen Erleuchtung steht. Er hat seine Leidenschaften überwunden, hat sich durch seine Meditation und die Stufen der Ekstasen – die der Buddha meisterlich beherrscht und worin er seine Schüler persönlich unterwiesen hatte – von den Begierden, Gedanken und Wünschen der materiellen und immateriellen Welt befreit und hat die vier Unbegrenztheiten kennen gelernt: den Raum, das Bewusstsein, das Nichtsein und die Nichtwahrnehmung. Auf dieser Basis kann man sich an das Erklimmen der acht Stufen machen, die das **Nirvāna** zum Ziel haben. Man kann freilich auf diesem letzten Weg auch das persönliche Erreichen des Ziels zurückstellen und die Entscheidung für den Weg eines **Bodhisattva** treffen und sich vorerst der Menschen annehmen, die noch nicht so weit sind und dringend der Anweisung und Hilfe bedürfen. Dabei entwickelt der zum Bodhisattva gewordene Arhat die sechs Tugenden der Nächstenliebe, des vorbildlichen Lebens, der Energie, der übersinnlichen Kräfte, der theoretischen Weisheit und schließlich der praktischen Weisheit.

Im *Avadāna Shataka* (= Erzählungen aus früheren Existenzen des Buddha) ist dieser Weg des Arhat wie folgt beschrieben:

Er hat sich in Zucht genommen. Er hat gekämpft und erkannt, dass der Kreislauf von Geburt und Tod in dauernder Bewegung ist. Er hat alle Zustände des Daseins verworfen, die durch eine Reihe von Bedingungen entstanden sind und in deren Natur es liegt, zu verfallen, sich zu wandeln und zu vergehen. Er hat allen Schmutz verlassen und den Zustand eines Arhat erreicht … Für ihn hat Gold nicht mehr Wert als ein Stück Ton. Der Himmel und seine Handfläche sind in seinen Augen gleich. Er ist gleichgültig gegenüber jeder Gefahr wie das duftende Sandelholz gegenüber der Axt, die es spaltet.

Neben einer bewährten Sittlichkeit und der unbeirrbaren Erkenntnis des Heils muss sich der Arhat auch in die **Mystik** einüben, und zwar auf dem Weg des *Samadhi* (= Trance, Versenkung, Konzentration). Der Übende lernt, willkürlich sein Tages-Bewusstsein auszuschalten, den Gedankenfluss zu stoppen, alle Spannungen in sich zu lösen und zur vollkommenen inneren Ruhe zu gelangen. Beherrscht er diese, kann er sich auf den vierstufigen Weg der *Dhyāna* (= Meditation) begeben und die vier Unbegrenztheiten praktizieren – wodurch er auch okkulte Fähigkeiten erlangt, die aber der Buddha nicht benützte und vor denen er seine Schüler warnte; im Vajrayāna werden sie aber bewusst eingesetzt, um sich von der Außenwelt zu lösen.

Der Mystiker erreicht dies, indem er sich auf ein bestimmtes Objekt konzentriert (z. B. eine Lotosblüte oder eine geometrische Figur) und alle Gedanken ausschaltet, die nicht mit diesem Objekt zu tun haben. Dann umdenkt er dieses Objekt und erreicht, dass sein Bewusstsein schwindet und sein Denken formlos wird und unbegrenzt. Am Ende steht ein Zustand, in dem weder Wahrnehmung noch Nichtwahrnehmung erfahren werden, also eine Art Koma, in dem der Meditierende das Nirvāna körperlich berührt, während alle bewussten Funktionen von Körper und Geist ausgeschaltet sind.

Solche Tiefen-Meditations-Erfolge setzen aber jeweils die Beherrschung der ersten Meditationsstufen voraus. Durch das bewusste Pflegen von Freundschaft mit jedermann, des Mitleids mit jedem Lebewesen und der Anteilnahme sowie des Bewusstseins der Gleichheit befreit sich der Arhat von jedem Sympathie- oder Antipathie-Gefühl.

Der in Sri Lanka tätige Philosoph ***Buddhagosha*** (5. Jh. n. Chr.) charakterisierte sie später als »Kraft, die die Erscheinungen durchdringt und die Illusionen zerstört, die wir uns von ihnen machen. Nicht mehr glauben: das bin ich – das ist die

Befreiung.« Aus Gewohnheit identifiziert sich der Mensch mit den Objekten seiner Wahrnehmung und setzt ein Ich voraus, das es gar nicht gibt. Die Prajna-Lehre ersetzt daher die persönliche Denkweise durch eine unpersönliche und besteht darin, *»das Ich auszulöschen, indem man aufhört, sich mit etwas zu identifizieren, was nicht wirklich in einer Beziehung zu uns steht. Die von außen kommenden Kräfte stören die Ruhe des Geistes wie der Flügelschlag eines Vogels die Windstille«.* (Shri Aurobindo Gosh).

Wer diese Form der Erkenntnis gewinnt, stößt ins Unbedingte vor, das man nicht mehr mit Gefühlen erfahren oder mit Worten beschreiben kann Es ist transzendent und immanent zugleich oder weder das eine noch das andere.

Diese Unanschaulichkeit verführte zur Abstraktion des Absoluten. Man sprach zum Beispiel vom **Adibuddha (= Urbuddha)** und merkte nicht, dass dies eine reine Fiktion war, die man gedanklich und gefühlsmäßig – also im Tagesbewusstsein – nicht nachvollziehen kann. Auch die Vorstellung des **Bodhisattva (= Helfer zur Erleuchtung)** blieb nebulos (da in einem hohen Trance-Zustand erkannt) und wurde erst religiös angenommen, als man ihn vermenschlichte, was dann in bestimmten (volksreligiösen) Formen des Mahāyāna geschah. Dieses Problem löste erst die *Neue Schule der Weisheit* des **Nagardshuna** (2. Jh. n. Chr.), auf die wir noch ausführlich zu sprechen kommen.

Die buddhistischen Konzile

Bald nach Buddhas Tod versammelten sich auf Einladung von **Mahākāsyapa,** des vom Buddha hochgeschätzten und damals ältesten Mönchs, nach der Regenzeit, die auf den Tod des Buddha folgte, etwa 500 ranghohe Mönche aus den verschiedensten Klöstern – sie waren alle Arhats, d. h. waren im Rang von anerkannten Heiligen – in einer großen Höhle in der Nähe von Radshagirha zu einem **ersten buddhistischen Konzil.**

In der Struktur der Sangha war vom Buddha keine Hierarchie vorgesehen, also auch kein Nachfolger. Der gewaltsam vorgebrachte Versuch seines Verwandten Devadatta, die Führung der Gemeinschaft an sich zu reißen, hatte den Buddha wohl noch darin bestärkt, in der Struktur des Sangha keine Machtstruktur (Hierarchie) zu installieren. Und auch sein Lieblingsschüler und Diener Ānanda, der kurz vor seinem Abscheiden eine mahnende Bitte vorgebracht hatte, dass es Zeit sei, weitere Anweisungen für die Zukunft zu geben und einen Nachfolger zu benennen, hatte eine deutliche Abfuhr erlebt:

Was erwartet die Gemeinde von mir, Ānanda? Da ich sie niemals habe lenken oder meinen Lehren unterwerfen wollen, habe ich keine Anweisungen für sie. Ich erreiche mein Ende. Nach meinem Tod sei jeder von euch seine eigene Insel, seine eigene Zuflucht und suche keine andere Zuflucht. Wenn ihr so handelt, werdet ihr euch selbst auf den Gipfel der Unsterblichkeit setzen. (Digha-Nikāya II, 100)

Von ihrem überragenden Lehrer verlassen, mussten nun seine Schüler den Weg, zu dem sie sich verpflichtet hatten, ohne ihn fortsetzen und ihr Leben nach seinem Willen allein der Umsetzung der Lehre widmen. Das aber bereitete ihnen offensichtlich in mancher Hinsicht größere Schwierigkeiten, als es der Buddha erwartet hatte. Vor allem durch das starke Wachstum der Gemeinde und durch unterschiedliche Interpretationen, aber auch unterschiedliche Überlieferungen entstanden bald riesige Probleme – vor allem gruppendynamische und organisatorische –, die nach einer Lösung riefen. Und es stellte sich schnell heraus, dass sie dafür nicht zuletzt durch die starke Konzentration auf die eigene Heiligung nicht genügend vorbereitet waren.

So bestand eine Hauptaufgabe des Konzils darin, die vielen kursierenden Überlieferungen der Predigten und Unterweisungen des Buddha – und damit die einzelnen Elemente seines Dharma – zu sammeln, Abweichungen festzustellen, zu diskutieren und zu bereinigen; sowie von den Erfahrungen in den Klöstern zu berichten und so auch die Regeln des Sangha einer gemeinsamen Prüfung zu unterziehen.

Richard Gombrich nennt diese ersten Konzile gemeinsame Rezitationen und gibt damit einen wichtigen Hinweis, um nicht falsche Vorstellungen damit zu verbinden: Da es in dieser Zeit noch keinerlei schriftliche Tradition gab bzw. die Anhänger und Nachfolger des Buddha sich auf die mündliche Überlieferung verließen und seine Lehren von Mund zu

Mund und nach dem Hörensagen weitergaben, gab es natürlich vielerlei Fassungen einzelner Aussprüche und Gleichnisse und relativ wenige Mönche, die Ohrenzeugen aller Aussprüche des Erhabenen waren.

Bei der einberufenen Versammlung ging es daher darum, dieses mündlich Überlieferte zu rezitieren, d. h. im Plenum vorzutragen, eventuelle Varianten zu prüfen und eine davon als die kanonische auszuwählen und sich einzuprägen und so einen gleichen Wissensstand hinsichtlich des Dharma zu erzielen. Rückblickend ist zu sehen, dass man sich mit dieser ersten Zusammenkunft im Jahre 480 oder 479 v. Chr. auf den klaren Weg begab, einen **verbindlichen Kanon des Dharma und Sangha** festzulegen. Da der Buddha keine einzige geschriebene Zeile hinterlassen und auch sonst keine Vorsorge getroffen hatte, dass seine Aussprüche niedergeschrieben wurden, war man voll auf das Gedächtnis der Schüler, auf die mündliche Überlieferung angewiesen – obwohl man vielleicht auch auf einzelne Niederschriften zurückgreifen konnte, die man bei dieser Gelegenheit sammelte und ebenfalls kontrollierte. Es ist aber nichts davon erhalten.

Zwei der wichtigsten Schüler – ***Sāriputra*** und ***Maudalyāyana*** – waren allerdings bereits tot, und ***Ānanda***, der treueste Diener und Begleiter des Buddha während seiner letzten 25 Lebensjahre, war noch kein geprüfter Arhat – weil er nie Zeit gefunden hatte, die vorgeschriebenen Meditationstechniken zu erlernen und in Ruhe und Zurückgezogenheit zu leben und sich auf seinen eigenen geistigen Fortschritt zu konzentrieren –, weshalb ihm Mahākāsyapa auch die Teilnahme an der Versammlung verwehrte. Die Sammlung und Sichtung dauerte mehrere Monate, und es stellte sich heraus, dass keiner alle Reden des Meisters gehört oder im Gedächtnis behalten hatte – außer Ānanda. Der hatte mittlerweile seine Entwicklung rasant vorangetrieben, verschaffte sich dank seiner außergewöhnlichen yogischen Fähigkeiten von sich aus den Zugang zur Versammlung und erhielt daraufhin nachträglich die Zulassung.

Die von ihm vorgetragenen Reden stellten daher die Gesamtheit der Sūtras dar und bildeten schließlich zusammen mit mehr als 500 Geschichten aus früheren Existenzen des Buddha den Hauptinhalt des **Sūtra-pitaka** (= Korb der Lehre). Vorher schon hatte **Upāli** die Vorschriften Buddhas hinsichtlich der Disziplin der Mönche und des Klosterlebens gesammelt, sie bildeten neben Hinweisen auf die Person Buddhas und die Entstehung des Ordens den Hauptinhalt im **Vināya-pitaka** (= Korb der Disziplin). Der Ausdruck *Pitaka* stammt freilich erst aus späterer Zeit, als man die Aussprüche des Buddha nach und nach (meist auf Palmblättern) aufgeschrieben hatte und diese in Körben aufbewahrte.

Bei all dem darf man das Sprachproblem nicht übersehen. Der Buddha hatte seine Reden wahrscheinlich hauptsächlich in *Māgadhī* gehalten, d. h. in der Sprache jenes im Nordosten Indiens gelegenen Landes, in dem er vorwiegend lebte und predigte. Durch die schnelle Verbreitung der Lehre übersetzte man seine Aussprüche nach und nach auch in verschiedene mittelindischen Dialekte wie Pāli oder Prākrīt und wohl auch in die brahmanische Hochsprache Sanskrit.

Zwischen Ānanda und dem intoleranten Mahākāsyapa gab es auch nach dem sieben Monate dauernden Konzil eine tiefgreifende Spannung, weil Ānanda von ihm beschuldigt wurde, schwere Fehler begangen zu haben, als er dem Erhabenen diente. Die schwersten bestanden darin, die Aufnahme von Nonnen in den Orden befürwortet und den Buddha nicht eindringlich genug gebeten zu haben, sein Leben bis zum Ende der bestehenden kosmischen Periode zu verlängern. Ānanda musste sich zu diesen Fehlern bekennen, musste sie öffentlich eingestehen und wurde auf diese Weise auf eine Art Pranger gestellt. Er beugte sich dem Spruch der Mehrheit, triumphierte aber schließlich doch über seinen Rivalen und wurde bis zu seinem Lebensende die wichtigste Persönlichkeit im Orden – wenn auch nicht deren Führer.

Etwa hundert Jahre später hatte sich der Buddhismus auch im Westen von Indien und in Mittelindien (Dekhan) verbreitet. Und es gab eine neue kritische Situation in der Sangha, als sich **Yasás**, ein Schüler von Ānanda, empörte, dass die Mönche von Vaishālī nicht nur das Lebensnotwendige erbettelten, sondern auch Gold und Silber annahmen.

Es gelang ihm, etwa 700 Arhats in Vaishālī zum **zweiten buddhistischen Konzil** zu versammeln, auf dem dieses angeprangerte Annehmen von irdischen Wertgegenständen auch prompt verurteilt wurde. Nach einer plausiblen Theorie von *Ernst Frauwallner* wurde bei dieser um 380 v. Chr. stattfindenden Versammlung in Vaishali die im *Vinaya-Pitaka* enthaltene Biographie Buddhas sowie eine erste »Entwicklungsgeschichte des Buddhismus« eingefügt, auch die Mönchsregeln dürften damals gründlich überarbeitet worden sein, da sie Passagen enthalten, die zu Lebzeiten des Buddha eher unwahrscheinlich klingen.

Zwistigkeiten wie jene, die zur Einberufung des Zweiten Konzils geführt hatten, setzten sich jedoch fort, und wahrscheinlich gab es schon wenige Jahrzehnte später, in der Mitte des 4. Jh. v. Chr., **buddhistische Schulen**, die sich von der traditionellen Sangha abgespaltet hatten. Deshalb spricht man auch vom *Ersten Schisma*. In seinem Mittelpunkt stand der Mönch ***Mahādeva***, der in Pātaliputra fünf Thesen über das Wesen der *Arhatva* (= Heiligkeit) aufstellte, die eine bedeutende Abschwächung der unbedingten Strenge darstellten, die der Buddha gefordert hatte:

1. Ein Arhat kann im Traum von Māras Mädchen verführt werden, so dass er eine Pollution hat.
2. Auch ein anerkannter Arhat ist noch unwissend.
3. Auch ein Arhat kann noch Zweifel haben.
4. Er kann auf seinem Weg mit Hilfe eines anderen voranschreiten.
5. Er kann die volle Konzentration erlangen, wenn er bestimmte Worte ausspricht.

Schnell polarisierte sich die buddhistische Gemeinschaft in Anhänger und Gegner dieser Thesen, und der Zwist entwickelte sich so, dass schließlich erneut ein Konzil einberufen wurde. Dieses **dritte buddhistische Konzil** soll im Jahr 250 v. Chr. von König ***Ashoka*** in Pātaliputra, der Hauptstadt seines Reiches (heute: Patna), stattgefunden haben. Es brachte wahrscheinlich den Abschluss der Sichtung der zahlreichen Überlieferungen aus den Zeiten des Buddha und der vielen Kommentare, die sich seither angesammelt hatten, sowie die Kanonisierung des *Vināya-Pitaka* und *Sūtra-Pitaka* und schuf damit die Basis für die im 1. Jh. v. Chr. einsetzende schriftliche Aufzeichnung der beiden Körbe im sogenannten *Palī-Kanon* (der dann z. B. die Mission auf Ceylon unter Mahinda entscheidend erleichterte).

Bei einem wahrscheinlich im 2. Jh. n. Chr. von König

Kanishka in Kaschmir einberufenen **vierten buddhistischen Konzil** (dessen Datierung aber unsicher ist, da man wegen differierender Quellen die sogenannte *Kusāna-Dynastie*, der Kaniska angehörte, nicht klar einordnen kann) wurde dann auch eine Sanskrit-Version – also eine Übersetzung in die überregional gebrauchte indische Priester- und Hochsprache – durchgeführt.

Mit einiger Sicherheit beschloss man damals auch, einen dritten Korb, den sogenannten **Abhidharma-Pitaka** (= Korb der höheren Lehre), zu eröffnen, der philosophische Erklärungen von Lehrbegriffen und systematische Erörterungen von buddhistischen Lehrinhalten und weitere, sich als besonders brauchbar erwiesene Kommentare enthalten sollte, welche in einer abstrakteren, mehr literarischen Form als die »Sutren« des zweiten Korbs formuliert waren. Damit kam erstmals der **Tripitaka** (= Drei Körbe) in Sicht, der Gesamtkanon der buddhistischen Überlieferung, der auch neuere und jüngste Texte enthalten konnte.

Die tiefe Spaltung zwischen der doch sehr elitären Buddha-Tradition und einem **Buddhismus für die breite Masse** konnte aber auch dieses Konzil nicht mehr schließen. Die eine Gruppe, die behauptete, die Mehrheit zu repräsentieren, hatte Mahādeva recht gegeben – sie wurden **Mahāsānghikas** (= Große Gemeinschaft) genannt und entwickelte sich im Lauf der Zeit in zumindest fünf verschiedene Richtungen. Die andere Gruppe, die sich ganz entschieden zur originalen Lehre des Buddha und der »ältesten Mönche bekannte, welche bei den beiden ersten Konzilen als wahre Lehre festgelegt worden war, wurden **Sthavira** (= Lehre der Alten; in Palī: *Thera*) oder **Sthaviravādins** (Anhänger der Lehre der Alten) genannt – sie entwickelten im Laufe der Zeit nicht weniger als elf verschiedene Schulen.

In dieser nicht mehr behebbaren **Polarisierung** kann man wahrscheinlich das älteste Zeugnis für die allmähliche Entwicklung der späteren Trennung in **das Große Fahrzeug** ***(Mahāyāna)*** und das **Kleine Fahrzeug** ***(Hīnayāna)*** sehen. Letzteres wurde unter Verwendung des Palī-Wortes für Älteste auch **Theravāda** (= Anhänger der Ältesten) genannt.

Hier soll noch kurz ergänzt werden, dass es auch noch ein fünftes und sechstes Konzil gab. Das **fünfte buddhistische**

Konzil wurde vom frommen birmesischen König ***Mindon*** im Jahre 1871 nach Mandalay einberufen, um – mehr als eineinhalb Jahrtausende nach dem 4. Konzil – die maßgeblichen Therāvada-Texte zu überprüfen und neu zu kanonisieren. Der König ließ diese Texte der drei Körbe *(Tripitaka)* auf nicht weniger als 729 (!) Marmortafeln eingravieren und innerhalb der Mauern der **Kuthodaw**-Pagode in Mandalay aufstellen.

Das **sechste buddhistische Konzil** schließlich fand zum 2.500. Todesjahr des Buddha (nach Therāvada-Rechnung) im Jahr 1956 in Rangoon (Birma) statt.

Der erste buddhistische Kaiser

Die Spaltung bedeutete aber keinesfalls den Niedergang des Buddhismus, sondern ging paradoxerweise Hand in Hand mit einem enormen Aufschwung, den der Buddhismus hauptsächlich der Weichenstellung des schon im Zusammenhang mit dem Dritten Konzil in Pātaliputra genannten Königs ***Ashoka Piyadasi Maurya*** (268–233 v. Chr.) zu danken ist. In seiner langen Regentschaft brachte Ashoka den größten Teil Indiens unter seine Herrschaft, bekehrte sich – wie man aus seinen vielen Steininschriften weiß – wenige Jahre nach seinem Regierungsantritt zum Buddhismus und wurde »ein glühender Anhänger des ›Gesetzes‹, das er für der menschlichen Natur am angemessensten hielt.« (Eliade)

Der Gründer der sogenannten *Maurya-Dynastie* ***Chandragupta*** (320–296 v. Chr.) hatte in seiner Jugend Alexander den Großen († 323) persönlich kennen gelernt, nach dem Rückzug seiner Truppen mehrere Regionen im Nordwesten Indiens erobert und war König in Magadha geworden. Sein Sohn Bindusāra baute die Herrschaft aus, und sein Enkel Ashoka – der kurz vor dem Tod seines Vaters seinen älteren Bruder umbringen hatte lassen, um die Herrschaft an sich reißen zu können – schuf das erste indische Kaiserreich. Bei seinem entscheidenden Sieg über die Kalingas sollen diese nicht weniger als 100.000 Tote und 150.000 Gefangene verloren haben.

Dass er kein Despot wurde, sondern einer der geachtetsten und verehrtesten indischen Herrscher ist darauf zurückzuführen, dass er sich kurz nach seinem entscheidenden Sieg zum Buddhismus bekehrte, seine Untaten bereute, dies öffentlich verkündete und mit großer Hingabe bemüht war, die Tugenden Buddhas nachzuahmen. Er stellt für viele Buddhisten auch heute noch das Idealbild eines Herrschers dar, weil er alle seine Untertanen durch eine gut organisierte soziale Fürsorge förderte und sogar die Tiere in diese Fürsorge einbezog (indem er z. B. Krankenhäuser für Tiere einrichtete, bestimmte Tierarten für unverletzlich erklärte und Schonzeiten festlegte). Er unterstützte die Mönche, in denen er Volksbildner sah, führte keine Kriege mehr und bemühte sich vor allem, selbst den Gesetzen entsprechend zu leben:

Wenn die Könige ohne Tugend sind, sind auch die Beamten ohne Tugend, sind die Beamten ohne Tugend, sind die Brahmanen und Bürger ohne Tugend, sind die Brahmanen und Bürger ohne Tugend, so verlassen Sonne, Mond und Sterne ihren richtigen Umlauf. Damit hört der regelmäßige Wechsel von Tag und Nacht, von Monaten, Jahreszeiten und Jahren auf. Dann wehen auch die Monsunwinde wider die Ordnung. Dann zürnen die Götter, und der Regengott lässt es nicht richtig regnen. Regnet es nicht richtig, so reifen die Saaten nicht ordentlich, und die Menschen sind dann kurzlebig, hässlich, schwach und kränklich. (Anguttara-Nikāya 4,70)

Ashoka hat auch »zum erstenmal das Ziel einer bewussten Weltveränderung nach buddhistischen Idealen als Aufgabe politischen Denkens und Handelns formuliert«. (Heinz Bechert) Und er wurde darüber hinaus der **Begründer der buddhistischen Weltmission**, da er höchstpersönlich Missionare in alle Gebiete seines Reiches schickte und ihr Wirken förderte und kontrollierte. Nach Südindien und Ceylon schickte er seinen Sohn ***Mahinda***, der sich für das buddhistische Mönchstum entschieden hatte und die Missionierung der Bewohner der Insel Sri Lanka mit so nachhaltigem Erfolg organisierte, dass dort – zum Unterschied vom indischen Festland – der Buddhismus in der Ausprägung des »Theravāda«-Buddhismus die Nationalreligion der Singhalesen wurde und bis heute Bestand hat. Damit hat er die Voraussetzungen für die **Entfaltung des Buddhismus zu einer universellen Religion** ermöglicht – »der einzigen universellen Heilsreligion, die Asien angenommen hat«. (Mircea Eliade)

Es gibt auch Inschriften, denen zufolge Ashoka alle Griechenkönige in Ägypten, Syrien, Mazedonien, Epirus und Kyrene durch Gesandtschaften mit der Lehre Buddhas vertraut gemacht hat. In den betreffenden Ländern gibt es dafür zwar keine archäologischen Zeugnisse, Tatsache aber ist, dass sich der Buddhismus – trotz des schnellen Niedergangs des Maurya-Reiches nach dem Tode Ashokas – noch vor der Zeitenwende von Kaschmir aus im östlichen Iran verbreitet hat (und durch die regen Handelsbeziehungen wohl auch bis zu den Mittelmeerländern kam), dass er über Zentralasien im 1. Jh. n. Chr. bis nach China, im 4. Jh. nach Korea, im 6. Jh. nach Japan und im 7. Jh. nach Tibet und in die Mongolei kam – und gleichzeitig von Bengalen und Ceylon aus auch in Hinterindien und in der Malayischen Inselwelt, dem heutigen Indonesien, expandierte.

Ashoka behandelte aber auch die anderen Religionen mit großer Klugheit und Toleranz, weil er in der Religion das große Einigungsmittel seines so vielschichtigen Reiches sah.

Das sogenannte zwölfte Felsenedikt in Girnar hat diese Denkweise des vorbildlichen Kaisers Ashoka festgehalten:

Der göttergeliebte König Piyadasi, der Freund der Götter mit menschlichem Antlitz, ehrt alle Sekten, sowohl die Asketen als auch die Hausväter. Er ehrt sie sowohl mit Gaben als auch mit allerlei Ehrenbezeigungen. Aber weder auf Freigebigkeit noch auf Ehren legt der Freund der Götter so viel Wert wie auf den Fortschritt in dem, was das Wesentliche aller Glaubensrichtungen ist. Das Wachsen im Wesentlichen ist aber von mannigfacher Art; dessen Wurzel aber ist: Die Vorsicht im Reden, nämlich dass weder ein Preisen der eigenen Sekte noch ein Tadel der anderen Sekten bei unpassenden Gelegenheiten stattfindet. Andere Sekten sollen bei jeder Gelegenheit geehrt werden. Wenn man so handelt, fördert man seine eigene Sekte und erweist den anderen Sekten Gutes. Im anderen Falle schädigt man seine eigene Sekte und fügt den anderen Übles zu … Darum ist Eintracht allein gut. Einer höre des anderen Religionslehre und befolge sie. Denn das ist der Wunsch des Göttergeliebten, dass alle Sekten viel lernen und gute Lehren überliefern sollen. Und denjenigen, welche nur ihrer eigenen ergeben sind, soll gesagt werden: Der Göttergeliebte legt nicht so viel Wert auf Gaben und Ehrenbezeigungen als darauf, dass ein Wachsen des Wesentlichen bei allen stattfindet.

Kleines Fahrzeug – Theravāda-Buddhismus (Hīnayāna, Shrāvakayāna)

Gegenüber der ursprünglichen, vorkanonischen Form des Buddhismus, der froh und optimistisch wirkt und den Unterschied zwischen den Mönchen und den Laien nicht allzu sehr betont, sondern die einen wie die anderen gelten lässt und ihnen nur verschiedene Aufgaben und Wege zuweist, ist das **Kleine Fahrzeug** eine eher strenge, ja heroische Religion für Menschen, die sich freiwillig von der Welt absondern wollen und entschlossen sind, auf alle Freuden und Annehmlichkeiten des Lebens zu verzichten.

Durch den Übergang vom Herumziehen der Mönche (ursprünglich gab es vor allem Wandermönche) zu festen Klöstern *(vihāra)* wurde der Unterschied zwischen den Mönchen und den Laien sehr verstärkt. Die Mönche wurden eine abgesonderte Elite, die sich minutiös um die Einhaltung der Disziplin kümmerte und das Heil als eine Art Monopol und Auszeichnung auffasste, das von der peniblen Einhaltung der Mönchsregeln abhängig war.

Damit wurde die mystische Erfahrung rationalisiert und veräußerlicht. Nicht mehr *maitri* und *karuna* sind die Haupttugenden, sondern die Unempfindlichkeit, die Besänftigung aller Affekte, indem man sich völlig von der Welt loslöst und das Ich unterdrückt – und dahinter stand oft als Motiv ein extremer Heilsegoismus, der Wasser auf die Mühlen des Mahāyāna war, in dessen Mittelpunkt die Bodhisattvas standen, die ihre eigene Vervollkommnung zurückstellten, um denen zu helfen, die sich selbst nicht helfen können.

Daraus entstand dann folgerichtig der typisch hinayanische **Apersonalismus**, in dessen Denken dar Sinn für das eigene Bewusstsein *(vijnāna)* verloren ging, weil es nicht mehr als das Absolute, Höchste *(atmān)*, sondern als nicht-absolut, kontingent, veränderlich, also eigentlich nicht-atmānisch angesehen wurde. Der Mensch besteht nach dieser Auffassung aus fünf Teilen: Körperlichkeit *(rūpa)*, Empfindungen *(vedana)*, Wahrnehmungsbewusstsein *(samjnā)*, Daseins-Gestaltungen (samskāra) und Bewusstsein (vijnāna). Aber keines dieser Elemente ist absolut oder auch nur beständig. Und das Ich-Bewusstsein ergibt sich nur aus dem Namen des Menschen, dem man diese fünf Elemente zuordnet oder der gelernt hat, dass er aus diesen fünf fragwürdigen und vergänglichen Elementen besteht.

Das Kontinuum, das auch durch den Tod hindurch bestehen bleibt und die Ursache dafür ist, dass der betreffende Mensch im *samsāra* (= ewigen Kreislauf) bleibt, ist der sogenannte **Wiedergeburtsleib** *(ghandārva)*, der sich im Augenblick des Todes bildet und wartet, bis er wiederverkörpert werden kann, wenn sich seine zukünftigen Eltern vereinigt haben. Sobald ein neues Individuum entstanden ist, verschwindet dieser *ghandārva* wieder solange, bis dieses neue Wesen stirbt und er für eine neu Inkarnation sorgt.

Die **Theravadins** bekennen sich – wie die Bedeutung ihres Namens (= Anhänger der Ordensältesten) erkennen lässt – zur ursprünglichen Form des Buddhismus. Das bedeutet, dass sie sehr bewusst dem Vorbild des Buddha Shākyamuni folgen und daher die Lebensweise der Mönche an sich höher schätzen als die der Laien. Sie wissen allerdings genau, dass nur ein Miteinander, ein Gleichgewicht von Geben und Nehmen auf der einen wie auf der anderen Seite diese Priorität des Asketisch-Monastischen ermöglicht: Die Mönche befolgen die Regeln des Buddha besonders streng, bewahren seine einmaligen Erfahrungen und Erkenntnisse und folgen ihm damit auf seinem direkten Weg zum **Nirvāna**.

Was ist dieses Nirvāna? Worin besteht das Heil? Was ist dann, wenn ein Mensch nicht mehr wiedergeboren wird? Wenn die Kette der Ursachen und Wirkungen gebrochen ist? Die folgende Lehrerzählung gibt Aufschluss, welche Antworten der Buddha anzubieten hatte:

Einst weilte der Herr zu Sāvatthi im Garten des Anāthapindika. Zu der Zeit aber geschah es, dass der Herr die Mönche mit einer auf das Nirvāna bezüglichen Rede über die Lehre belehrte, anregte, anfeuerte und erfreute; und die Mönche lauschten der Lehre mit gespannter Aufmerksamkeit, achtgebend, sie ihrem Geiste einzuprägen und alle Gedanken auf sie zu richten.

Als nun der Herr diese Sachlage erkannte, tat er zur selben Stunde folgenden bedeutsamen Ausspruch: »Es gibt, ihr Mönche, eine Stätte, wo es weder Erde noch Wasser noch Feuer noch Luft gibt. Es ist nicht die Stätte der Raumunendlichkeit noch die der Bewusstseinsunendlichkeit noch die des Nichtseins noch auch die Stätte, wo es weder ein Vorstellen noch ein Nichtvorstellen gibt. Es ist nicht diese Welt noch jene Welt, sei es der Mond oder die Sonne. Ich nenne es, ihr Mönche, weder ein Kommen noch ein Gehen noch ein Stehen, weder ein Vergehen noch ein Entstehen. Es ist ohne Stütze, ohne Anfang, ohne Grundlage – das eben ist das Ende des Leidens ... Schwer einzusehen ist die Lehre vom Nicht-Ich, denn die Wahrheit ist nicht leicht zu begreifen. Besiegt ist die Gier in dem Wissenden. Für den Schauenden aber gibt es nichts ...
Es gibt, ihr Mönche, ein Nichtgeborenes, ein Nichtgewordenes, ein Nichtgemachtes, Nichtverursachtes. Wenn es, ihr Mönche, dieses ... nicht gäbe, so ließe sich für das Geborene, das Gewordene, das Gemachte, das Verursachte kein Ausweg finden. Weil es aber, ihr Mönche, ein Nichtgeborenes, Nichtgewordenes, ein Nichtgemachtes, ein Nichtverursachtes gibt, darum findet sich auch ein Ausweg für das Geborene, Gewordene, Gemachte, Verursachte ...
Bei dem, was von anderem abhängig ist, gibt es Bewegung, bei dem, was von nichts anderem abhängig ist, gibt es keine Bewegung. Wo keine Bewegung ist, da ist Ruhe, wo Ruhe ist, da ist kein Verlangen, wo kein Verlangen ist, da gibt es kein Kommen und Gehen, wo es kein Kommen und Gehen gibt, da gibt es kein Sterben und Wiederentstehen, wo es kein Sterben und Wiederentstehen gibt, da gibt es weder ein Diesseits noch ein Jenseits noch ein Dazwischen – das eben ist das Ende des Leidens.« (Udana VIII, 1–4)

Man kann das Nirvāna also nicht mit dem Nichts im Sinne des europäischen oder biblischen Sprachgebrauchs gleichsetzen, aber auch nicht als etwas Seiendes oder als das Sein verstehen. Die logischen Widersprüche und Schwierigkeiten einer Definition sind im Theravāda die direkte Folge der rationalistischen Einstellung und der radikalen Trennung von absolut und kontingent.

Nirvāna bedeutet etymologisch *Aushauchen* und steht daher in einem logischen Zusammenhang mit *prana* (= Hauchen), also mit dem *pranayama* (= Atemkontrolle) im *Yoga*: Das individuelle Bewusstsein, das eine entstellte, in die Vergänglichkeit eingekerkerte Form des ursprünglichen (hinduistischen) *atmān* (= Selbst) ist, sucht Befreiung mittels des Hauchens und erreicht sie auf vielen Etappen auf dem Weg zum absoluten Einen. Zuletzt haucht sich das Bewusstsein aus der empirischen Welt aus, um sich mit *brahmān,* dem (hinduistischen) universellen Absoluten zu vereinigen. Diese endgültige Befreiung heißt in der Bhagavādgītā *brahmanirvāna.*

Das Nirvāna als Endpunkt des Weges konnte aber nicht in derselben Weise rationalisiert werden wie die übrige Lehre, weil es sich dabei um einen irrationalen oder besser: überrationalen Zustand handelt. Deshalb verbannte man es in den Bereich der absoluten Transzendenz, wo es keine Definition mehr erreichen kann. Der logische Weg zum Erfassen des Nirvāna kann deshalb nur **über die Negation** gehen.

Von hier aus wird auch die spezifische Verehrung Buddhas im »Kleinen Fahrzeug« besser verständlich: Es handelt sich nicht um einen Kult, um die Anbetung eines Gottes, sondern um das **Gedenken an den Religionsstifter**, der den Weg zum Heil (d. h. bis zum Erreichen des Nirvāna) gezeigt hat. Typisch dafür sind die riesigen Darstellungen des liegenden, d. h. im Paranirvāna befindlichen Buddha. Und die vornehmste Aufgabe für jeden Buddha-Nachfolger ist die Bewahrung der authentischen Buddhaworte, weil sie den direkten, sicheren Weg weisen.

Sie hören diese Worte von den Älteren *(thera)*, die sie zu einem guten Teil auswendig können und in der dichten Kette der mündlichen Überlieferung über die Jahrhunderte hinweg stehen.

Sie lernen es durch oftmaliges Hören und Rezitieren selbst auswendig und verwenden die allmählich entstehenden Niederschriften eher als Gedächtnisstütze denn als Heiliges Buch – wie die Juden den Tanach, die Christen die Bibel, die Muslime den Koran, die Parsen das Awesta, die Sikh den Granth usw.

Sie meditieren über diese Worte, versuchen sie umzusetzen, messen ihr Handeln, ihr Wertempfinden, ihre Entscheidungen, ihre Lebensprioritäten daran, behalten sie aber nicht für sich selbst, sondern sind gerne bereit, wenn sie von Laien darum

Gebet vor einer riesigen Statue »Buddha im Parinirvāna« (3. Höhle von Dambulla im Zentrum Sri Lankas).

gebeten werden, daraus zu zitieren und sie so zu erklären, dass sowohl einfache wie gebildete Menschen daraus lernen können.

So wundert es nicht, dass der buddhistische Kanon zuerst in jenem Land schriftlich niedergelegt wurde, das seit der Mahinda-Mission zu Lebzeiten des Kaisers Ashoka geschlossen diese Richtung des Buddhismus angenommen und am treuesten die ursprünglichen Überlieferungen bewahrt hatte. Diese gelehrten Theravāda-Mönche haben den frühen Buddhismus lebendig gehalten, haben ihn nach Südostasien (Birma, Thailand, Kambodscha, Laos) und in die Malayische Inselwelt (Indonesien) gebracht und damit späteren Generationen über die Jahrhunderte hin zugänglich gemacht und weiter lebendig erhalten, weil der Theravāda-Buddhismus in Sri Lanka Staatsreligion wurde und trotz des politischen Auf und Ab in diesem heiligen Land des Buddhismus bis heute besteht und lebendig ist.

Trotzdem hatte sich auch dieser Buddhismus bereits von der ursprünglichen Form zu Lebzeiten des Buddha weg oder weiter entwickelt: Aus einer Erlösungslehre einer relativ kleinen elitären Gemeinschaft wurde er zu einem bestimmenden Faktor im Selbstverständnis von Völkern und Staaten – wobei der Herrscher im Idealfall (Ashoka) zum Patron der religiösen Gemeinschaft wurde. Oder der Buddhismus diente als Legitimation des Widerstands einer Opposition gegen die staatliche Autorität, wenn diese seinen Idealen diametral entgegen stand.

So war auch der Theravāda-Buddhismus unweigerlich mehr und mehr eine Massenreligion geworden – wir haben schon Beispiele von der Verehrung eines Zahns oder Schlüsselbeins des Buddha in Sri Lanka genannt – eine »Staats-, Kult- und Volksreligion mit Reliquien- und Wunderglauben … und es breitete sich so etwas wie ein ›buddhistisches Mittelalter‹ in den Therevāda-Ländern aus. Denn überall baute man jetzt über den Buddha-Reliquien oder -Texten zahllose Stupas als ›verdienstliche Werke‹ … und wie im christlichen Mittelalter führte das auf die Dauer zu einer ›Werkgerechtigkeit‹ … und schuf eine ›Zweiklassengesellschaft‹« (H. Küng)

Man muss aber klar unterscheiden, dass im Theravāda der Kult einzig im Verehren von Reliquien bestand, welche in *Stupas* (= Grabmonumente und Gedenkstätten) oder *Dāgobas* (= Reliquienbehälter) beigesetzt wurden und dass auch die in späterer Zeit aufkommende **Verehrung des Buddha** und seiner **sechs Vorgänger** sowie des **kommenden Maitreya** – oder in späteren Texten von nicht weniger als insgesamt **28 Buddhas**, von denen Siddharta Gautama freilich der wichtigste ist – in Bilddarstellungen nicht den Zweck hat, mit dem oder den

Heiligen zu kommunizieren, sie um Hilfe zu bitten und einen Lohn für die Kulthandlungen von ihnen zu erwarten – wie in der Volksreligion eigentlich aller Weltreligionen.

Die Buddhas sind nach der Lehre des Theravāda im Nirvāna alle insgesamt restlos erloschen, sie haben das Vergängliche, Relative, Kontingente transzendiert. Sie haben also das Ihre bereits geleistet. Die Verehrung ist nicht eine Bitte um Hilfe, sondern hat den Zweck der anschaulichen Erinnerung an das große Vorbild (»So weit muss ich auch kommen«).

Deshalb wurde in der ältesten Zeit Buddha auch nicht als Person dargestellt, sondern nur symbolisch im Rad der Lehre, oder sein Fußabdruck bzw. der Bodhi-Baum. Man verstand es so, dass die Andacht das Herz des Gläubigen läutert, ihn vom Alltag, vom Begehren und Leiden abzieht und sein Sinnen und Trachten auf die Nachfolge auf dem Weg ins Nirvāna oder zumindest in die himmlischen Welten (die aber auch noch zum Samsāra gehören!) wendet.

Letzteres war wohl der Grund, warum später auch viele Theravāda-Buddhisten ihre Zuflucht nicht nur beim Dharma (= Lehre) nahmen, sondern eine große Zahl von Geistern, Dämonen und verschiedene Gottheiten verehrten, die auch noch nicht im Nirvāna sind, weil man sich von ihnen Verständnis für die irdischen Nöte, Mitleid und auch materielle Hilfen erwartete. Sie verfügten zwar nicht über die Allmacht des Buddha, aber doch über **übernatürliche** Kräfte, welche die schwachen Möglichkeiten der Andächtigen gewaltig überstiegen.

Diese Volksfrömmigkeit der Hinayana-Buddhisten ist verständlicher Weise schlecht dokumentiert, denn die Mönche, als die treuen Wächter der Lehre Buddhas, haben sie zwar toleriert, aber natürlich nicht erläutert und tradiert. Anders war dies im Mahāyāna, dessen alternativer Weg im nächsten Kapitel dargestellt wird.

Der **Theravāda-Buddhismus** bzw. die verschiedenen der alten Tradition verpflichteten Schulen in der Nachfolge der Sthaviravādin wurden von Anhängern des Mahāyāna abfällig **Hīnayāna** (= Geringeres Fahrzeug) genannt, weil dieses Fahrzeug in ihren Augen nicht sehr tragfähig ist. Und wenn es viele transportiert, bedienen sie sich im Grunde der Perspektiven, die vom Mahāyāna entwickelt wurden, jenem zweiten

Strang des Buddhismus, an dessen Ursprung ein bewusstes und von der »Mehrheit« gut geheißenes »Drehen am Rad der Lehre« stand.

Vor etwa fünfzig Jahren – im Zusammenhang mit dem **Sechsten Buddhistischen Konzil,** das aus Anlass des – nach theravādischer Zeitrechnung – 2500. Todesjahres des Buddha von 1954 bis 1956 in Rangoon/Birma stattfand, hat man sich darauf geeinigt, diesen diskriminierenden Namen nicht mehr zu verwenden, sondern künftig alle Schulen des frühen Buddhismus, die ausschließlich auf den Lehren der alten kanonischen Schriften beruhen und die vom Mahāyana vertretenen zusätzlichen Lehren nicht akzeptieren, zusammenfassend **Shrāvakayāna** (= Fahrzeug der Hörer) zu nennen. (Heinz Bechert)

In der Periode dogmatischer Spekulationen, die zur Bildung des dritten Korbes führten, wurden auch die Meinungen über die Eigenschaften der Buddhas weiterentwickelt. Besonders war dies in Zentralasien der Fall, als vom nordwestindischen Gandhāra aus – wo bereits 50 Jahre nach dem Tod seines Lehrers der treue Ānanda nach unbestätigten Überlieferungen missioniert haben soll – die dem Shrāvakayāna angehörige Dharmaguptaka-Schule in Ostturkestan missionierte. Später setzten die **Sarvāstivādin** die Mission vor allem im nördlichen Ostturkestan fort und entwickelten sich im Laufe der Zeit zur bedeutendsten philosophischen Hīnayāna-Schulrichtung des indischen Mutterlandes. Einer der wichtigsten Zeugen dafür ist der chinesische Reisende und wichtige Vermittler des chinesischen Buddhismus *Hsüan-tsang* im 7. Jh., der aber nur mehr Reste einer großen Vergangenheit antraf, die ihm auffielen, weil sie nicht das Sanskrit verwendeten, sondern den Ghāndārī-Dialekt, den offensichtlich die Dharmaguptaka-Mönche in Ostturkestan am Leben erhalten hatten.

Auf der Grundlage einer Art Erlösungsscholastik, die sich im 2. Jh. v. Chr. gebildet hatte, schufen sie die sogenannte Dharma-Theorie, nach der die Welt der Erscheinungen durch das Zusammenwirken bestimmter Gegebenheiten zustande kommt. Diese wurde wohl auf dem schon genannten Vierten Konzil kanonisiert und bildete die Grundlage für die im 5. Jh. n. Chr. von **Vasabandhu** verfasste *Abhidharmakosha* (= Schatzkammer der Dogmatik), die bis heute als klassische Zusammenfassung der Lehren der Sarvāstivādin und des älteren Buddhismus gilt.

Großes Fahrzeug – Mahāyāna-Buddhismus (Bodhisattvayāna)

Seit dem 1. Jh. v. Chr. drängte eine neue Bewegung den klassischen Buddhismus auf dem indischen Festland mehr und mehr in den Hintergrund: der Buddhismus des **Großen Fahrzeugs** *(Mahāyāna)*.

Es handelt sich aber keineswegs um eine Spätform des Buddhismus, wie oft behauptet wird, sondern um einen anderen Entwicklungsstrang, der sich bereits im 3. Jh. v. Chr. angekündigt hatte und in der ersten Zeit vor allem in Laienkreisen gepflegt wurde. Deshalb schlug er sich auch erst relativ spät in schriftlichen Zeugnissen nieder. Die doch eher sehr strenge, rationalistische Entwicklung des Kleinen Fahrzeugs wurde für viele Buddhisten zunehmend ein Problem. So hielten sie sich teilweise an die ursprüngliche Form aus der Zeit des Buddha – wo es nicht nur die mönchische Strenge gegeben hatte, sondern auch den Weg der Haushalter, denen religiöse Bräuche zugestanden wurden, die der traditionellen Volksfrömmigkeit entstammten und vom Buddha toleriert wurden.

Sie machten deshalb die Entwicklung zum Therāvada und seiner stark auf den Sangha zugeschnittenen Radikalisierung nicht mit, zweifelten zwar nicht den auf den ersten Konzilen festgelegten Kanon der Überlieferung an, interpretierten ihn aber anders bzw. hielten sich an Lehrer, die einen einfacheren, leichteren Weg wiesen.

Der Schweizer Buddhologe Constantin Regamey hat in seinen Beiträgen in »Christus und die Religionen der Erde« (Franz König) auf diesen Wurzelgrund des Mahāyāna als *Buddhismus des Volkes* hingewiesen und festgestellt, dass die europäische Wissenschaft nur sehr wenige Texte aus der »ungeheuer großen Zahl mahāyānistischer Schriften kennt, weil nur ein kleiner Teil in der Sanskrit-Fassung erhalten ist … und alles übrige nur in tibetischen oder chinesischen Übersetzungen oder in zentralasiatischen Sprachen vorliegt, die es gar nicht mehr gibt und die linguistisch noch gar nicht erfasst wurden«.

Im Mittelpunkt dieser frühen Ideen des Großen Fahrzeugs stand eine mystisch-religiöse Einstellung, und damit war ein anderer Zugang zur Außenwelt gegeben. Sie wurde nicht mehr kritisch analysiert und als Quelle von Leiden abgewertet, sondern sie enthielt das Absolute, das im Hinayana in den Bereich des Unerkennbaren verbannt wurde, ja, sie erkannten, dass das Absolute die einzige gelebte Wirklichkeit ist – wenn man sich ihm auf dem Weg der Mystik annähert. Das Empirische wird dann zu einer magischen Illusion, zu einer falschen Art und Weise, die Wirklichkeit wahrzunehmen und mit ihr umzugehen. Es besteht keine Unvereinbarkeit mehr zwischen der relativen und der absoluten Wirklichkeit, weil es ja nur das Absolute gibt, und der Mensch sich ihm in seinem durch Einübung geweckten und gehobenen intuitiven Bewusstsein anzunähern vermag, ja seiner in sich inne wird! Die vom Kleinen Fahrzeug beklagte Vielfalt des Empirischen, das auf alle nur mögliche Weise das Begehren anstachelt und damit Leiden erzeugt, dem man nur durch eine konsequente, mühsame Askese entkommen kann, stellt sich dem Insassen des Großen Fahrzeugs als Illusion dar. Sein neuer Weg macht ihn frei von seiner bisherigen Unwissenheit und »lässt ihn in das absolute, transzendente Eine eingehen, ... und er so die *Bodhi* (= Erleuchtung) erreichen kann«. (C. Regameym)

Im 1. Jh. n. Chr. wurde die Macht der mahāyānischen Ideen jedenfalls so stark, dass sie nicht mehr nur als Volksglauben angesehen wurden, sondern auch die Elite faszinierten, so dass von da an diese zweite große Schulrichtung unter dem Namen Mahāyāna-Buddhismus auch ihre schriftliche und philosophische Gestalt erhielt.

Seine Anhänger erkannten zwar den Kanon des Kleinen Fahrzeugs *(Hīnayāna)* durchaus als kanonisch an, ergänzten ihn aber durch eine Reihe von anderen heiligen Schriften, denen sie teilweise einen noch höheren Wert – jedenfalls einen größeren Gebrauchswert – zumaßen, weil sie ihnen zeitgemäßer zu sein schienen. Viele wiesen ihnen zumindest denselben Wert wie den im *Tripitaka* gesammelten kanonischen Schriften zu mit der Begründung, dass sie auf wunderbare Weise direkt von Buddha stammen und erst später – als die Zeit dafür gekommen war – bekannt geworden sind.

Den Anhängern des Kleinen Fahrzeugs galten sie aber als apokryph (= inoffiziell, geheim, verboten) oder pseudokanonisch (= in Widerspruch zu den offiziellen), weil sie nie von einer repräsentativen Sangha (z. B. auf einem Konzil) geprüft und kanonisiert wurden.

Dem Vorwurf der Neuerung begegnen die Mahāyāna-Buddhisten mit dem Argument der **doppelten Wahrheit**: Der historische Buddha und seine Vorgänger hätten auch diese neuen Perspektiven bereits gekannt und selbst gepredigt, damals aber verborgen gehalten, weil sie zu seiner Zeit nicht verständlich gewesen wären. Jetzt aber sei die Zeit reif dafür, und deshalb sei jetzt dieser **Weg der Bodhisattvas** (= Erleuchtungswesen) entdeckt worden, seine Weisheit lasse das wahre Wesen der Welt noch tiefer erkennen und führe deshalb zu einer Vervollkommnung der Erkenntnis.

Die neuen Schriften unterscheiden sich durch größere Toleranz in Fragen der Lehre und durch eine stärker mystisch fundierte Sicht der Funktion des Buddha, der ja damals bei seiner Erweckung unter dem Boddhibaum den einsamen Höhenweg des Heiligen *(arhat)* vollendet hatte, sich aber dazu entschlossen habe, noch nicht in das bereits erreichte Nirvāna, seine persönliche Erlösung, einzugehen, sondern sich seiner liebevollen, den anderen zugeneigten Bodhisattva-Natur zu besinnen und sich als ein Vorbild der Menschenfreundlichkeit und Hingabe vom Mitleid führen zu lassen und den vielen Menschen, denen der Mönchsweg zu steil ist, bei ihrem Suchen und Finden des Heils behilflich zu sein.

Zur Bestätigung der Richtigkeit dieser Begründung verwies man auf verschiedene Aussagen des Buddha, die jeder kenne: *»Wer ihm gegenüber ein einfaches Gefühl des Glaubens und der Zuneigung habe, der werde ins Paradies kommen«* (Majjihimanikāya I, 142), oder: *»Wer beim Buddha Zuflucht nimmt, wird zur Gemeinschaft der Götter kommen«* (Dighanikāya II, 40). Jetzt, wo der Buddha selbst nicht mehr unter ihnen weile, dürfe man nicht den Blick zurück wenden, sondern müsse erkennen, dass jeder, der den Weg des Buddha gehe, auch zur Nachfolge des Buddha in seiner Bodhisattva-Funktion berufen sei, und deshalb anderen gegenüber zum Verkünder des Erlösungsweges werden solle. Das Heil stehe eben nicht nur einigen wenigen strengen Asketen offen, sondern der Masse der Menschen, die bereit seien, sich dazu verhelfen zu lassen und auch anderen dabei zu helfen.

Mircea Eliade verweist darauf, dass sich das Neue des Mahāyāna darin zeige, »dass sich das Ideal des Adepten vollkommen verändert: er strebt nicht mehr nach dem Nirvāna, sondern danach, **Buddha zu werden**. Alle buddhistischen Schulen erkennen die Bedeutung der Bodhisattvas an. Die Mahāyānisten aber verkünden die **Überlegenheit des Bodhisattva über den Arhat**; dieser nämlich hat sich nicht vollkommen vom ›Ich‹ befreit, denn er sucht das Nirvāna für sich allein. Er habe die Weisheit für sich entwickelt, nicht aber das Mitleid mit der Welt.«

Die neuen Texte werden gewöhnlich *Sūtras* genannt, dürfen aber nicht mit den hinduistischen Sutren verwechselt werden. Das bereits im 2. Jh. n. Chr. abgeschlossene **Prajnapārāmitā-Sūtra** (= Predigten über die Vervollkommnung in der Weisheit), die erste greifbare Äußerung des Mahāyāna – mit den weit verbreiteten Teilen Diamant-Sūtra oder Herz-Sūtra – verspricht, dass das Vorhandensein einer unermesslichen Zahl von Buddhas und Bodhisattvas allen die Möglichkeit gibt, einerseits am Heilsgeschehen mitzuwirken, andrerseits am Schatz der Verdienste dieser Welterlöser teilzuhaben:

> *Die Boddhisattvas haben nicht den Wunsch, ihr eigenes privates Nirvāna zu erreichen. Im Gegenteil haben sie die im höchsten Grade schmerzhafte Welt der Existenz durchlaufen und zittern dennoch, obwohl sie begierig sind, die höchste Erleuchtung zu erreichen, nicht vor Geburt und Tod. Sie haben sich zum Wohl der Welt in Bewegung gesetzt, für das Glück der Welt, aus Mitleid mit der Welt. Sie haben diese Entscheidung getroffen: Wir wollen ein Schutz werden für die Welt; eine Zuflucht für die Welt, ein Ort der Ruhe für die Welt, endlicher Trost der Welt, die Inseln der Welt, das Licht der Welt, die Führer der Welt, Heilbringer für die Welt.* (Ashtasākasrikā XV, 293)

Diese Schrift gelangte mit anderen frühen Mahāyāna-Schriften wie z. B. dem Lotus-Sūtra *(Saddharmapundarīka)*, dem Lalita-Vistara oder dem Mahavastū schon sehr früh auch nach China: Sie wurden dann durch die Weitergabe des Buddhismus auf der »Nordroute« vor allem im Fernen Osten sehr populär und regten vor allem in China und Japan zu sehr eigenständi-

Meditierender Buddha, flankiert von Bodhisattvas (typisch für den Mahāyāna), im Höhlenheiligtum von Yün-kang an der »Seidenstraße« im Norden Chinas.

Weiterentwicklungen an, die oft gar nicht mehr in das Mutterland zurückwirkten. Weitere (apokryphe) *religiöse* Schriften des Großen Fahrzeugs sind: Beschreibung des reinen Landes *(Sukhāvatīvyūha)*, Offenbarung der Lehre in Ceylon *(Lankāvatāra-Sūtra)* oder Buddha-Schmuck *(Buddhāvatamsaka)*. Viele dieser Schriften sind im Sanskrit gar nicht erhalten, sondern nur in tibetischen oder chinesischen Übersetzungen. Dies ist daraus zu erklären, dass der islamische Sturm (ab dem

9. Jh. n. Chr.) den Buddhismus in Vorderindien und Zentralasien weitgehend verdrängt hat, so dass diese Schriften dort nicht mehr abgeschrieben wurden – wohl aber in China und Tibet.

Solche Gedanken lagen bereits dem 3. Konzil von Pātaliputra (253 v. Chr.) vor und wurden dort bei der Sichtung der Körbe als pseudokanonisch verworfen. Zur Zeitenwende fanden sie aber mehr Anklang und breiteten sich vor allem unter der Herrschaft des Kaisers ***Kanishka*** im 2. Jh. n. Chr. aus.

Es sind religiöse Werke, nicht philosophische, die diese große Verbreitung finden. Und sie stammen zum größten Teil von Kommentatoren, »die beanspruchten, den hinter den Buchstaben der Texte verborgenen wahren Geist und die wahren Absichten des Buddha ans Licht zu bringen.« (M. Percheron) Aber ihr metaphysischer Hintergrund, ihre Ontologie, ist die sogenannte **mittlere Lehre** *(madhyamaka)* des **Nāgārdshuna,** die dieser scharfsinnige Philosoph und »nach Buddha wahrscheinlich bedeutendste Meister des Buddhismus« (Maurice Percheron) im 2. Jh. n. Chr. in seiner »Neuen Schule der Weisheit« verbreitete. Zur Autorisierung seiner Lehre berief er sich auf einen Fund, den er in einer Höhle gemacht habe: Dort sei er auf den schriftlichen Nachlass des Buddha gestoßen, den dieser den *Nāgas* (= Schlangengöttern) als Wächtern anvertraut hatte, damit diese sie zu geeigneter Zeit freigeben.

Seine Lehre lässt sich kurz in drei Thesen zusammenfassen:
1. Es gibt kein Ding an sich, auch die Dharmas und das Nirvāna sind es nicht.
2. Es gibt keine positiven Urteile.
3. Die einzige Realität ist die Leerheit, die nur intuitiv zu erfassen ist. (Maurice Percheron)

Diese radikale Vorstellung einer universellen Leere *(sūnyatā) zwischen den* beiden entgegengesetzten Wirklichkeiten *Samsāra* (= Wandelwelt) und *Nirvāna* bedeutete einen Monismus der besonderen Art, der einen gleichen Abstand zwischen Bejahung und Verneinung, Existenz und Nichtexistenz hält und so auf dem mittleren Weg jeden Gegensatz umgeht. Helmuth von Glasenapp fasst das so zusammen:

Alles, was vergänglich ist und in Abhängigkeit von etwas anderem entsteht oder besteht, hat keine wahre Realität, sondern nur die eines schnell vergehenden Traums. Wirklich ist nur das, was weder entsteht noch vergeht und weder räumlich noch zeitlich, noch begrifflich und kausal begrenzt ist. Dies ist das »Leere« (sūnya), in dem alles Wandelhafte in anfangloser Kette bedingt gleich einem Zauberspuk auftritt und wieder verschwindet. Das »Leere« ist also ein relatives Nichts, der unergründliche Abgrund, über dem alles steht, nicht eine letzte Ursubstanz, aus welcher sich alles entwickelt hat.

Das einzige »Leere«, das das einzig unverrückbar Bleibende in der Flucht der sich ununterbrochen ablösenden Erscheinungen darstellt, ist das Nirvāna; dieses ist daher in Wahrheit schon jedem Wesen eigen, obwohl es sich dessen in seiner Verblendung nicht bewusst ist. Der Weise, der sich von irrealen Beschränkungen befreit, weiß sich in der Meditation schon hier im Nirvāna und wird beim Tod zu dem, was er von jeher war, zum unaussprechlichen und undefinierbaren Leeren, in dessen All-Einheit alle Unterschiede von Sein und Nichtsein aufgehoben sind.

Die Nähe dieser Lehre zum hinduistischen *Vedanta* ist durch starke Einflüsse zu erklären, die vom Mahāyāna-Buddhismus auf Shankāra einwirkten. Ähnlich wie die Einstellung der *Bhakti* im Hinduismus werden im Mahāyāna die Solidarität aller Wesen und eine leidenschaftliche Liebe zu Gott und zum Nächsten die alles beherrschende Einstellung. Dieses starke Gefühl bindet den Gläubigen aber nicht an die Welt, sondern eben gerade an das überweltlich Absolute in ihr.

Es gibt für den Mahāyāna-Buddhisten keinen Unterschied zwischen eigenem Schmerz und dem Leid des Nächsten. Es gibt nur **ein gemeinsames kosmisches Leid**. Daraus folgt: **Wenn man einem anderen Wesen hilft, hilft man sich selbst**. Der auf das eigene Heil bedachte Egoismus des Hīnayāna wird vom Mahāyāna als sinnlos und gefährlich abgelehnt. Die *Sila* (= Ethik) des Großen Fahrzeugs lässt sich auf die Formel bringen: *»Hilf den anderen, das Heil zu erreichen!«* Deshalb ist auch nicht das Nirvāna das Ziel, sondern die totale Hingabe nach dem Vorbild Buddhas. Jedem steht die Möglichkeit offen, die Buddha-Würde zu erlangen, auch wenn dies Milliarden Jahre dauern wird. Wichtig ist aber nicht das Ziel, sondern der Weg. In diesem Zusammenhang hat dann natürlich auch die Vorstellung des ***Buddha-Maitreya*** (= Buddha der Zukunft) große Bedeutung erlangt:

Sāriputta fragte den Herrn: »Vor einiger Zeit habt ihr zu uns über den zukünftigen Buddha gesprochen, der die Welt in einem zukünftigen Zeitalter führen und der den Namen Maitreya führen wird.« Der Herr antwortete: »Zu jener Zeit wird das Meer viel von seinem Wasser verlieren ... Folglich wird ein Weltbeherrscher keine Schwierigkeiten haben, es zu überqueren. Indien wird überall ganz eben sein, sie wird zehntausend Meilen messen, und alle Menschen werden das Vorrecht haben, auf ihr zu leben. Sie wird unzählige Bewohner haben, die alle weder Verbrechen noch schlechte Taten begehen, sondern Freude am Tun des Guten haben werden ... Das Land duftet köstlich, und ohne Arbeit wächst auf ihm ein schmackhafter Reis. Die Menschen leben heiter und froh. Ihre Körper sind sehr groß, und ihre Haut hat eine schöne Färbung. Ihre Kräfte sind ganz außergewöhnlich groß ...

Die Stadt Ketumati wird zu jener Zeit die Hauptstadt sein. In ihr wird der Weltbeherrscher namens Shanka residieren ... Er wird ein großer Held sein ... Sein geistlicher Rat wird ein Brahmane namens Subrahmana sein, ein äußerst gelehrter Mann, wohl bewandert in den vier Veden und geprägt von der Lehre der Brahmanen ...

Maitreya, der beste der Menschen, wird dann den Tushita-Himmel verlassen und zu seiner letzten Wiedergeburt in den Schoß der Frau des Brahmanen, Brahmavati mit Namen, eingehen. Ganze zehn Monate wird sie mit seinem strahlenden Körper schwanger sein. Dann wird sie zu einem mit wundervollen Blumen angefüllten Hain gehen und dort, weder sitzend noch liegend, sondern aufrecht stehend und sich am Zweig eines Baumes festhaltend, wird sie den Maitreya gebären. Er, der höchste der Menschen, wird aus ihrer rechten Seite hervorgehen, wie wenn strahlender Sonnenschein über eine Wolkenbank gesiegt hat. Von den Unreinheiten des Schoßes nicht mehr befleckt als ein Lotus durch Wassertropfen, wird er die ganze dreifache Welt mit Glanz erfüllen. Dann wird er diese Worte sagen: ›Dies ist meine letzte Geburt. Nach dieser wird es keine Wiedergeburt geben. Niemals werde ich nach hier

zurückkehren, sondern in voller Reinheit das Nirvāna gewinnen! …
Wenn Maitreya aufwächst, wird die Lehre mehr und mehr von ihm Besitz ergreifen, und er wird erkennen, dass alles Leben dem Leiden unterworfen ist … Als vollkommen Erleuchteter wird er mit vollendeter Stimme die wahre Lehre predigen, die glückverheißend ist und alles Leiden beseitigt … Unter Maitreyas Führung werden Hunderttausende lebender Wesen in den heiligen Lebenswandel eintreten. Und Maitreya wird zu ihnen sprechen: Shākyamuni (Gautama Buddha) hat euch alle gesehen, er, der beste der Weisen, der Retter, hat euch auf den Pfad der Erlösung gestellt, doch bevor ihr ihn endgültig erreichen konntet, musstet ihr auf meine Lehrunterweisung warten. Weil ihr Shākyamuni mit Sonnenschirmen, Fahnen, Duftstoffen, Blumen und Salben verehrt habt, deshalb konntet ihr hierher kommen … weil ihr stets eure Zuflucht zu Buddha, der Lehre und dem Orden genommen habt, deshalb konntet ihr hierher kommen … Sechzigtausend Jahre lang wird der Maitreya die wahre Lehre predigen, die allen lebenden Wesen Mitleid schenkt. Und wenn er hunderte und aber hunderte Millionen Menschen unterrichtet hat, wird er ins Nirvāna eingehen … Erhebt deshalb gläubig eure Herzen zu Shākyamuni, dem Sieger! Denn dann werdet ihr Maitreya sehen, den vollkommenen Buddha, den besten aller Menschen!« (Maitreyavyakarāna)

Die Philosophie der universellen Leere *(sūnyatā)* scheint aufs erste gesehen dem Weg der Bodhisattvas genau entgegengesetzt zu sein. Man muss darin aber eine Paradoxie im Sinne der doppelten Wahrheit (vgl. die coincidentia oppositorum des Nikolaus Cusanus und die taoistischen Paradoxien!) sehen, die in diesem scheinbaren Widerspruch liegt: Es wird z. B. gesagt, dass zwei Dinge für den Bodhisattva und seine praktizierte Weisheit nötig seien: *»Die Lebewesen niemals verlassen und sehen, dass in Wirklichkeit alle Dinge leer sind.«* (Vajracchedikā) Das bedeutet, dass die Lehre von der universellen Leere dem Mitleidigen die Ablösung von der Welt erleichtert und zum Auslöschen des Selbst führt – und das war ja schließlich auch das Ziel des Buddha Shākyamuni und des alten Buddhismus.

Nach den Anschauungen der Anhänger des Großen Fahrzeugs gibt es zahlreiche Bodhisattvas. Die bedeutendsten sind:

Akshobhya ist der *Unerschütterliche*, der Dhyāni (= Meditations)-Buddha hält einen *Vajra* (= Diamant, Zeichen der Macht über die tantrischen Kräfte) in der Hand oder eine Lotosblüte und regiert in der östlichen *Abhirati*-Welt. Er machte sie lange dem Buddha Amitābha, der über den Westen herrscht, streitig. Er herrscht über die Farbe *blau*, wird mit blauem Körper dargestellt und gilt als der Buddha, der den Teufel Māra besiegt.

Amitābha: Sein Name bedeutet *unermesslichen Glanz besitzend*, das heißt so viel wie: sein Licht und seine Lebenszeit sind unermesslich; er regiert im westlichen Paradies *(sukhāvatī)*. Er herrscht über die Farbe *Rot* und wird mit rotem Körper dargestellt. Er war zuerst mystisch verbunden mit Avalokiteshvāra (= der Herr, der gnädig herabsieht). Ab dem 8. Jh. spielte er in Tibet, China und Japan eine höchst bedeutsame Rolle: Es genügt, an ihn zu denken und seinen Namen zu kennen, um nach dem Tod von ihm ins Sukhāvati-Paradies geführt zu werden.

Amitāyus (= *Unendliches Leben*) ist das Gegenstück (also eine Art bodhisattvische Shākti) zu Buddha Amitābha und hält eine Schale mit Nektar als Symbol für das lebenspendende Getränk der Götter in der Hand.

Amoghasiddhi (= *der Unbestechliche*) Er hält eine Hand erhoben und ist der Herr des Nordens. Er herrscht über die Farbe *Grün* und wird mit grünem Körper dargestellt. Er ist der beschützende Buddha und ist Herr der von Mucilinda geführten vierköpfigen Nāga-Schlange. Er weilt in einer nie und durch nichts zu trübenden Glückseligkeit.

Avalokiteshvāra herrscht als Herr des Universums auf dem Perg Potalaka; Sonne und Mond kommen aus seinen Augen, von seinen Füßen kommt die Erde, aus seinem Mund der Wind, er hält die Welt in seiner Hand, jede Pore seiner Haut umschließt ein System der Welt. Er schützt gegen Gefahren jeder Art und weist kein Gebet zurück, kann sogar unfruchtbaren Frauen Kinder schenken. Später hat er sich in China in der Gestalt der weiblichen Gottheit **Kuan-yin** manifestiert. Nach Eliade stellt er eine Synthese der drei großen Götter des

Hinduismus (Brahma, Shiva, Vishnu) dar; sein Name bedeutet *der mitleidvoll nach unten schaut*.

Bhaisajyaguru ist der große Arzt.

Maitreya (= *der Kommende*) wartet im *Tushita*-Himmel darauf, der Nachfolger des Buddha Shākyamuni zu werden. Er gilt als Beschützer der Religion und der Missionare. Er wird mit der Sonne gleichgesetzt und Unbesiegbarer genannt. In China galt er als der Heraufführer einer idealen Welt des Wohlstands und der Gerechtigkeit, und viele charismatische Führer (z. B. im 5. und 6. Jh.) deklarierten sich als Propheten oder Inkarnationen des Maitreya. In der späten Kaiserzeit wird er mit einem exzentrischen Mönch des 10. Jh. (Pu-tai »Hanfsack«) identifiziert, der zu dieser Zeit als eine Wiederverkörperung des Maitreya auftrat – hier wird aus dem schlanken, majestätischen Messias Maitreya der dickbäuchige, lachende chinesische Lebemann, der als Glücks-Amulett zu den verbreitetsten Buddha-Darstellungen gehört.

Mandshushri: Der Name des liebenswürdigen und majestätischen Bodhisattva der Weisheit und Schützers der Bildung bedeutet *mildes Geschick*; er spielte im chinesischen Buddhismus eine herausragende Rolle.

Ratnasambhava ist der *im Edelstein Geborene*. Er herrscht über die Farbe *Gold* und wird mit goldfarbenem Körper dargestellt. Er ist der Herr des Südens. Mit seinen Armen und Händen macht er die Gebärde des Schenkens und ruft den Buddha aus dem Schoß der Edelsteine zurück.

Vairocana: Der Name bedeutet *der Sonnenartige*. Er beherrscht den Zenit, das Weltzentrum. Er herrscht über die Farbe *Weiß* und wird mit einem blendend weißen Körper dargestellt. Er ist der große Prediger, der den künftigen (letzten) Buddha Maitreya ankündigt. In den japanischen Tendai- und Shingon-Schulen spielt er als der All-Buddha eine entscheidende Rolle: Die sechs Komponenten der Welt (Erde, Wasser, Feuer, Luft, Raum und Bewusstsein) sind seine Erscheinungsweisen, und alle Buddhas, Bodhisattvas, Götter, Menschen, Tiere, Pflanzen und Berge sind nur Einzelgestalten des Vairocana. Er manifestiert sich im Rauschen des Wassers, im Wehen des Windes oder in allen Tätigkeiten des Menschen, ist also der **All-Geist**. Er ist zugleich das personifizierte Prinzip der Erlösung, der nicht richtet und straft, sondern Heil und Selig-

Riesenstatue (50 m) der japanischen Kannon (= Kuan-yin; buddhistische Göttin der Barmherzigkeit). Die Statue wurde 1959 zum Gedächtnis an die Opfer des Zweiten. Weltkriegs auf einem Hügel südöstlich von Tokio errichtet.keit bringt, weil die Natur des Menschen mit der Natur des All-Buddha eins ist.

Vajrapāni: Er wird z. B. in Gandhara gemeinsam mit dem Bodhisattva Maitreya und dem Buddha dargestellt oder steht hinter oder neben dem Buddha bereit, dessen Gegner mit seinem Donnerkeil *(vajra)* zu erschrecken oder zu zerschmettern. Sein Name bedeutet: *Der einen Donnerkeil in der Hand trägt.*

Alle diese Bodhisattvas sind aber nur Erscheinungsformen der Weisheit und des Mitleids der Buddhas der einzelnen Zeitalter.

Vom Standpunkt der höchsten Wahrheit aus gehören auch die **Bodhisattvas** zu den Erscheinungen der Welt und sind leer. Vom Standpunkt der konventionellen Wahrheit aus gesehen aber sind die Bodhisattvas miteinander in ihrem Körper der Lehre *(dharmakāya)* identisch, erfreuen mit ihrem Genusskörper *(samboghakāya)* die Götter und Heiligen, unter denen sie sich befinden, und sind strahlend und voll Majestät – bestens geeignet für den Kult. Und sie senden Erscheinungskörper *(nirmānakāya)* als ihre Stellvertreter in die Erscheinungswelt, um die dort im Samsāra gefangenen Lesewesen zu belehren und zu bekehren. Dies ist ein magischer Leib, ein Phantom mit allen Merkmalen eines Menschen, in dem Buddha auf die Erde niedersteigt, um die Heilslehre zu predigen.

In dieser Trinität der Buddha-Körper ist der Gipfel der theologischen Systematisierung des Mahāyāna zu erblicken.

Es gehört zur wichtigen Einsicht des Mahāyāna, dass der Buddha nicht versucht hat, die menschlichen Daseinsbedingungen zu verbessern. Er hat nur auf Grund seiner spirituellen Erfahrungen und seiner intuitiven Weisheit erfasst, was zur Befreiung führt: Nicht nur eine gute Lebensführung und eine lange mühsame Loslösung von der Welt der Begierden, sondern auch die **Mystik** in der Form der Versenkung, in der allein der Mensch im Vergessen der Welt auf die einzige unwandelbare und ewige Realität stößt und das Unbegreifbare begreift.

Das **Bewusstsein** ist selbst eine Erscheinung und wird so zum Hindernis auf dem Weg zur Erleuchtung, aber im **unbewussten Ich** *(prajna)* besitzt der Mensch so etwas wie eine Vor-Weisheit, die auf dem Weg zur Erleuchtung nicht hinderlich, sondern förderlich ist. Es lässt sich vergleichen mit dem Licht- und Erdtrieb, der jedem Samenkorn eigen ist und bewirkt, dass es die Wurzel nach unten in die Erde und den Stängel nach oben ins Licht richtet. Mit Hilfe der Prajna-Lehre entwickelt der Mahāyāna eine Mystik, die keines göttlichen Gegenübers bedarf, denn sie stützt sich auf etwas Bleibendes im Menschen, das nur offenbar werden kann, wenn das Bewusstsein der Individualität verschwindet. Da man von der Prajna kein Bewusstsein hat und man sie nur erkennt, wenn die Individualität vollständig aufgehoben ist, ist diese neue Mystik des Mahāyāna eine Mystik der Leere, die es dem Versunkenen ermöglicht, im Jenseits der Erkenntnis zu erwachen *(Prajnāparamita)*. Der Wunsch nach dem Erwachen oder bewussten Weiterleben hält aber in der irdischen Kausalität, in der Werde-Welt fest. **Erst der Wunschlose wird zu diesem Erwachen fähig.**

Der Buddhist glaubt nicht an eine Unsterblichkeit der Seele innerhalb von Raum und Zeit, wohl aber an eine solche unabhängig von Raum und Zeit (die immer Werden und Vergehen implizieren). Er glaubt an eine Kausalität, aber sie ist in der Welt der Erscheinungen und außerhalb von ihr nicht dieselbe; der Mensch muss daher lernen, sich außerhalb von Raum und Zeit zu begeben, wenn er seine Endlichkeit überwinden will. Dies ist nur in intuitivem Erkennen möglich. Deshalb geht es in der Praxis des Mahāyāna um die Beseitigung dessen, was dies verhindert.

Aus diesem Grund ist die **Meditation des Buddhisten** etwas grundlegend anderes als die Meditation dessen, der z. B. Yoga betreibt. Wem es also gelingt, die Ursachen dessen, was sich als Hindernis in den Weg stellt, zu beseitigen, der kann schon in seinem irdischen Leben ein Buddha werden.

So ist auch die Heiligkeit nur eine Etappe auf dem Weg zur endgültigen Erleuchtung, denn der *Arhat* hebt nur seine Sympathien und Antipathien auf, geht aber nicht über die erkannten Ursachen hinaus. Die Möglichkeit der Rückkehr der Empfindungen machen die Heiligkeit sehr verletzlich, wenn es ihm nicht gelingt, das Bild, das er von sich hat – und zwar das positive und das negative – zu vergessen! Diese Leere *(sūnya)* ist nicht das Nichts – auch das wäre substanziell gedacht –, sondern sie ist Leerheit *(sūnyatā)*, d. h. *etwas* Nichtsubstanzielles, das nicht gedacht, sondern nur intuitiv – im Prajna – erfasst werden kann.

Der »Große Buddha« (jap. Daibutsu), sitzend über 18 m hoch, aus vergoldetem Kupfer von Kaiser Shomu im 8. Jh. nach einer Pockenepidemie errichtet, stellt den kosmischen Bodhisattva Vairocana (= der Sonnenartige) dar. Er befindet sich im Todai-ji-Tempel in Nara.

Der Buddha sprach darüber zu Shariputra:

> *Da, wo es Gestalt gibt, gibt es die Leere, und da, wo es die Leere gibt, gibt es Gestalt. Leere und Gestalt sind also nicht verschieden … Die fünf Elemente* (Skandha) *haben den Charakter des Leeren, sie werden nicht geboren noch bestehen sie, sie vermehren sich nicht noch vermindern sie sich. In der Leere, o Shariputra, gibt es keine Gestalt, kein Gefühl, keinen Gedanken, keine Triebkräfte und kein Bewusstsein. In der Leere gibt es weder Augen noch Ohren noch eine Nase, eine Zunge, einen Körper oder einen Geist. In der Leere gibt es weder Ton noch Farbe, noch Geruch noch Geschmack, noch Berührung, noch Elemente. In der Leere gibt es weder Unwissenheit noch Erkenntnis, noch eine Beseitigung der Unwissenheit. In der Leere gibt es keinen Schmerz, kein Unglück, keine Hindernisse, keinen Weg, kein Altern und keinen Tod.*

Im 3. Jh. n. Chr. bietet der Philosoph ***Sāramati*** in seinem gewöhnlich noch zur Mittleren Lehre gerechneten Werk **Ratnagotravibhāga** eine andere Sicht an, die dann im 4. Jh. von **Maitreyanātha** und **Asanga** zur sogenannten **Yogācāra-Lehre** weiterentwickelt wurde. Hier steht das *höchste Sein, das Absolute,* im Mittelpunkt der Betrachtung. Es wird fleckenloser, leuchtender Geist oder Soheit *(tathatā)* genannt oder Element der Gegebenheiten *(dharmadhātu)* bzw. Ele-

Im größten (erhaltenen) Holztempel der Welt (Todai-ji) befindet sich die riesige Metallstatue des »Daibutsu«. Er ist mit erst 749 in Japan entdecktem »einheimischem« Gold überzogen.

ment der Buddhas *(buddhadhātu)* und synonym mit dem Wort universelle Leere *(sūnyatā)* des Nagārdshūna gebraucht.

Das höchste Sein ist nach der Yogācāra-Lehre unausdrückbar und ohne Vielfalt, liegt aber der trügerischen Erscheinungswelt zugrunde, die nun als Vorstellung des Geistes aufgefasst wird, der als Element *(dhātu)* allen Lebewesen innewohnt. Diese Vorstellung ist aber unwirklich, denn es gibt im gesamten Bereich des Erkennens keine Wirklichkeit. Und es ist Aufgabe der Meditationsübungen, durch konsequente Übung des vorstellungsfreien Geistes seine Buddha-Natur in sich zu verwirklichen.

Dieser neuen Buddhologie zufolge sind die Buddhas in ihrem Genusskörper und Körper der Lehre mit dem höchsten Sein identisch. Im 6. und 7. Jh. erreichte diese Philosophie mit **Dignāga** und **Dharmakīrti** ihren Höhepunkt und hat ganz entscheidend zur Prägung des ostasiatischen (China, Japan) und tibetischen Buddhismus beigetragen.

Im Gegensatz zum auffällig kultarmen bis kultlosen alten Buddhismus und zum Shrāvakayāna (Kleines Fahrzeug), die den Buddha praktisch nicht dargestellt haben, sondern sich auf die Erinnerung an seine Erfahrungen (Bodhi-Baum; Benares-Rede, Eingehen in das Paranirvāna in Kusinārā), an seine historische oder spirituelle Anwesenheit (z. B. durch viele Fußabdrücke oder durch das Symbol des Rades für die

Lehre des Buddha) und auf Reliquien (seine Asche wurde auf mehrere Stupas verteilt, auch seine Haare oder ein Zahn in Kandy/Sri Lanka) beschränken, haben die Anhänger der Mahāyāna-Richtung ihre Verehrung des Gautama sowie der vielen Buddhas und Bodhisattvas in vielfältiger Weise in kultischer und ritueller Form zum Ausdruck gebracht:
Durch das Aussprechen bestimmter Worte und Sprüche *(mantra, dhāranī)*;
durch das rituelle Besuchen und Umschreiten von Heiligtümern, Denkmälern und Statuen;
durch das Darbringen von Opfern in Form von Wasser, Früchten, Wohlgerüchen oder entzündeten Lichtern;
durch das Ausführen verschiedener Gesten *(mudrās);*
und durch kultischer Handlungen, die tw. aus dem Brahmanismus stammen;
in der Verehrung von brahmanischen Göttern (Indien),
im Beschwören von Geistern (Ceylon, Hinterindien, China, Japan) oder Dämonen (Tibet);
und in der Kultisierung des Buddha, den man so überhöhte, dass er wahrlich überirdische Ausmaße annahm – wie z. B. der »Große Buddha« von Nara in Japan.

Dieser **Buddha Daibutsu** – von einem Koreaner entworfen, aus 437 Tonnen Bronze gegossen, mit 139 Kilogramm reinem Gold verkleidet, im größten Holzbau der Welt thronend, sitzend 18 Meter hoch – ist nicht der irdische Buddha Shākyamuni, sondern der überirdische Bodhisattva Vairocāna.

Bereits beim Dritten Buddhistischen Konzil zur Zeit Kaiser Ashokas hatte man darüber diskutiert, ob ein menschlicher Geist überhaupt imstande sein kann, die unendlich tiefe Lehre von der Überwindung des Leidens zu erfinden. Der Mahāyāna gab die eindeutige Antwort und vollzog eine ähnliche Divinisierung ihres Stifters wie das Christentum. (Hans Küng)

Diese starke Bedeutung des Kultischen trug sehr zur Veräußerlichung des Buddhismus bei und machte aus der mönchisch-strengen Religion des alten Buddhismus eine hierarchische Religion, in der zwar die Laien quantitativ ein riesiges Übergewicht hatten, aber doch von einem hierarchisch strukturierten Klerus geleitet wurden und werden. Deutlich wird das auch auf der sprachlichen Ebene demonstriert, wenn das japanische Wort **Bonze** (von jap. *bonzu* = Priester, Mönch) in europäischen Sprachen für den volkentfremdeten Geistlichen oder ideologisch gebundenen Partei-Funktionär verwendet wird.

Diamantenfahrzeug – Vajrayāna-Buddhismus (Mantrayāna)

Etwa in der Mitte des 1. nachchristlichen Jahrtausends entstand in Indien – vor allem aber außerhalb des Mutterlandes in den verschiedenen Ländern, in denen die Mahāyāna-Schule im Zuge der Buddhistischen Weltmission gewaltig expandierte – eine dritte Richtung des Buddhismus, die sich im Laufe der Zeit als gewichtiger und eigenständiger erwies als die vielen Absplitterungen (Sekten), die sich doch deutlich einer der beiden großen Richtungen des Buddhismus zusprechen lassen. Dieser neue Zweig des Großen Fahrzeugs glich sich insofern den spirituellen Bedürfnissen der Menschen an, als die Mönche, die als Lehrer auftraten, sich auch als Mittler der Kräfte des Kosmos anboten.

In Tibet und Nepal, in China und in der Mongolei, aber auch auf Java und in Hinterindien wurden unzählige Menschen darin unterwiesen, wie das Große Fahrzeug zum **Mantrayāna,** zu einem Fahrzeug des Gebetes oder zu einem **Vajrayāna,** einem strahlenden Diamantenfahrzeug, werden kann, das ihre Seelen zum Leuchten bringt und mit Kraft erfüllt. Unzählige Menschen, die in ihrer eigenen Tradition bisher kaum wirklich tragfähige und begeisternde religiöse Ideen, die das Leben von Grund auf zu ändern vermögen, kennen gelernt hatten, begaben sich auf einen faszinierenden und scheinbar leichteren Heilsweg, als ihn das **Hīnayāna,** das Kleine Fahrzeug der besonderen geistigen Elite, zu bieten vermochte.

Im Großen Fahrzeug wusste man sich schon mit den Göttern und Bodhisattvas im selben Boot. Jetzt lernte man, dass und wie man die Götter, Geister und Dämonen mit Hilfe der Rezitation magischer Formeln und metaphysischer Übungen auf seine Seite bringen und zu Helfern auf seinem persönlichen Weg zum Heil machen kann.

So breitete sich das Vajrayāna zusammen mit dem Mahāyāna, dessen »Philosophie« es weitgehend übernahm, in den oben genannten Ländern aus. Es ist aber so schillernd und verhält sich teilweise (in einzelnen Sekten) auch so esoterisch geheimnisvoll unzugänglich, dass eine systematische Beschreibung und auch eine Abgrenzung von manchen kultischen Äußerungen des Mahāyāna schwierig ist.

Der Großteil der verwendeten Techniken existierte bereits im Mahāyāna-Buddhismus: der Kult von Gottheiten und Bodhisattvas, das Rezitieren von *Mantras* (magischer Formeln), die mystische Lehre der Mudras (Gesten), oder die Verwendung kunstvoll gezeichneter oder geformter Mandalas (= Kreisbilder) als Meditationsobjekte.

Das Diamanten-Fahrzeug entwickelte darüber hinaus eine detaillierte Lehre der gegenseitigen magischen Abhängigkeiten zwischen Gottheiten des mahāyānistischen Pantheons und den klassischen **Mudras** und auch eine eigene Theorie der **Mandalas**: Es handelt sich um spezifische Diagramme, die der mystischen Realisierung einer bestimmten Erkenntnis dienen sollen. Es gibt z. B. Mandalas, die eine detaillierte, streng geordnete Darstellung des gesamten Kosmos mit allen Buddhas, Bodhisattvas, Göttern, Geistern, Bergen und Meeren enthält. Das erstaunlichste Beispiel dafür bietet wohl der riesige Götterberg **Borobudur** in Mitteljava aus dem 9. Jh. Hier wird der Buddhismus zu einer Geheimlehre.

Im Hintergrund steht sicherlich das Gedankengut des **indischen Tantrismus**, der etwa zur selben Zeit in der Mitte des 1. Jahrtausends n. Chr. den Hinduismus stark mit mystisch-okkulten Praktiken und Vorstellungen beeinflusste und manche der bisherigen Vorstellungen ergänzte, erweiterte und umpolte. Dasselbe geschah im Buddhismus.

So wurden z. B. zu den drei Körpern des Buddha noch zwei weitere hinzugefügt: der *Svabhāvikāya* (= der aus sich selbst entstandene Leib) und der *Körper der Wonne* (= die Synthese aller vier Körper).

Das zentrale Anliegen des Vajrayāna ist es, mit seinen unkonventionellen Methoden und Praktiken zu versuchen, hinter die Erscheinung der Dinge zu kommen und in jene Leere vorzustoßen, in der sich das Individuum mit dem Absoluten identifizieren oder doch verbünden kann. Es handelt sich also um einen neuen direkten Weg ins Nirvāna, der nicht – wie im Mahāyāna – auch beschritten wird, sondern der zur Hauptstraße der Erlösung wird.

Dazu werden bestimmte Praktiken verwendet, in deren Gebrauch man von Eingeweihten durch **Initiation** *(diksa)* eingeführt wird. Jeder *Tantra* (= System ritueller Praxis, das magische Macht verleiht) vermittelt ein direktes Erleben und Einbringen des eigenen erleuchteten Selbst mit Hilfe bestimmter Symbole und Gesten, durch kraftvolle Worte, magische Formeln, geheimnisvolle Bilder, durch oftmals wiederholte Klänge, ritualisierte Bewegungen, präzise Führung und Kontrolle des Atems bis hin zu ritualisierter Sexualität. Der Tantra umfasst gewöhnlich vier Stufen:

1. *Kriyā* **(= Handlung):** Darunter versteht man ein öffentliches Ritual, an dem jeder teilnehmen kann. Es dient der Verbindung mit Nichteingeweihten und ist das für die Öffentlichkeit bestimmte Gesicht der tantrischen Gemeinschaft.

2. *Caryā* **(= Wandel):** Der Schüler unterzieht sich unter Anleitung eines Wissenden einer Schulung der Selbstbeherrschung und wird erst nach sorgfältiger Prüfung durch seinen Lehrer zur ersten Weihe *(abhisheka)* und zu anderen Ritualen zugelassen. Er bekommt eine Gottheit oder einen Bodhisattva als seinen persönlichen Schutzpatron zugewiesen und erhält ein persönliches *Mandala* (= Kreisbild), in das Symbole für höhere Einsichten, übernatürliche Kräfte und geistige Zusammenhänge eingezeichnet werden. Das Mandala dient als Hilfsmittel bei Meditationen und Ritualen. Jedem Tantra sind verschiedene Mandalas zugeordnet. Sie können auf die Erde gezeichnet, als Bild gestaltet oder sogar als Bauwerk ausgeführt werden. Das eindrucksvollste ist sicherlich der riesige *Borobudur* in Java (9. Jh.), der eindrucksvoll zum Ausdruck bringt, dass das Ziel des Tantra immer der Buddha als das Absolute im eigenen Erlösungsdenken *(bodhicitta)* ist. Neben dem Mandala wird auch ein *Mantra* (= magischer Spruch; z. B. »Om mani padme hum« = Kleinod im Lotus; in der tibetischen Gebetsmühle) oder ein *Mudra* (= körperliche Geste) zur Unterstützung auf dem Weg der Erlösung verwendet.

3. *Yoga* **(= Übung):** Der Adept schreitet vom Ritual (äußere Form) zur Meditation fort, die ihn in mehreren Stufen der Vereinigung mit dem Absoluten näher bringt.

4. *Anuttarayoga* **(= Unübertrefflicher Yoga):** Diese höchste Stufe wird erreicht, wenn dem Adepten im Vollzug von Ritualen oder Meditationen der Buddha sichtbar wird und er die Einheit mit ihm verwirklicht. Er erscheint gewöhnlich – von anderen überirdischen Wesen umgeben – in Form eines Mandala im Bewusstsein des Meditierenden als Bild der höchsten Wirklichkeit und bedeutet das Erreichen der Nichtzweiheit. Dieses Ziel wird durch den *Vadshra* (= Diamant; ursprünglich der Donnerkeil des Indrā, dann eine Substanz, die man sich durchsichtig, hell strahlend und unzerstörbar wie einen Diamanten vorstellte) symbolisiert.

Als Beispiel einer solchen Initiation kann ein Bericht des japanischen Mönchs ***Kūkai*** (774–835), des Mitbegründers der japanischen *Tendai-* und *Shingon*-Sekte und auch des *Zen*-Buddhismus dienen. Kūkai ist heute noch durch die Verehrung unzähliger zu seinen Ehren errichteter Gedenksteine im *Kobo-Daishi-Kult* im Bewusstsein japanischer Buddhisten lebendig. Er wurde in China in diese Lehre und Praxis eingeweiht und erzählt darüber:

Während des sechsten Monats des Jahres 804 *segelte ich, Kūkai* (= sein urspr. Name), *nach China in Gesellschaft des Fürsten Fujiwara, der als Gesandter an den Hof der T'ang ging … Eines Tages ereignete es sich zufällig, dass ich im Verlauf meiner Besuche hervorragender buddhistischer Lehrer der Hauptstadt den Abt der östlichen Pagode des Großen Drachen-Tempels traf. Dieser große Priester Hui-kuo, war der Lieblingsschüler des indischen Meisters Amoghavajra gewesen. Seine Tugend vermehrte die Ehrwürdigkeit seines Alters; seine Lehren waren erhaben genug, um Kaiser anzuleiten … Ich besuchte den Abt in Gesellschaft von 5 oder 6 Mönchen des Hsi-ming-Tempels. Sobald er mich sah, lächelte er gefällig und sagte freudig: »Ich wusste, dass du kommen würdest! Ich habe so lange Zeit darauf gewartet. Welches Vergnügen bereitet es mir, dich heute endlich zu sehen! Mein Leben geht zu Ende, und bevor du kamst, war niemand da, dem ich die Lehren übermitteln konnte. Geh ohne Aufschub mit dem Weihrauch und einer Blume zum Altar der Ordination.«*

Ich kehrte zu dem Tempel, wo ich gewohnt hatte, zurück und bekam die Dinge, die für die Zeremonie nötig waren … Ich stand vor dem Garba Mandala (= Mandala des Mutterleibes) *und warf meine Blume in der vorgeschriebe-*

nen Weise. Zufällig fiel sie auf den Körper des Buddha Vairocana (»der sonnenhafte Buddha«). Der Meister rief freudig aus: »Wie erstaunlich! Wie außerordentlich erstaunlich!« ... Ich erhielt dann die fünffache Taufe und empfing die Einweisung in die drei Geheimnisse. Daraufhin lehrte man mich die Sanskrit-Formeln für das Garba Mandala, und ich lernte die Kontemplation des Yoga.

Zu Anfang des 7. Monats betrat ich den Ordinationsraum des Vajra-Mandala (Mandala des Diamanten) für eine zweite Taufe. Als ich meine Blume warf, fiel sie wieder auf Vairocana, und der Abt erstaunte darüber... Ich erhielt im nächsten Monat auch die Ordination als ācārya (= Verkünder, Lehrer). *Am Tag meiner Ordination stattete ich ein Fest aus für 500 Mönche ... Später studierte ich das »Sutra der Diamantkrone« und verwandte einige Zeit darauf, Sanskrit und Sanskrit-Hymnen zu lernen. Der Abt unterrichtete mich darin, dass ihr Sinn nur durch Kunst übermittelt werden könne ... er befahl, zehn Rollen des Mutterleib- und des Diamant-Mandalas herzustellen und berief mehr als 20 Schreiber, um Abschriften des Sutra der Diamantenkrone und anderer wichtiger esoterischer Schriften anfertigen zu lassen. Er befahl auch dem Bronzeschmied Chao Wu, 75 Ritualgefäße zu gießen.*

Eines Tages sagte mir der Abt: » ...Ich bitte dich dringend, die beiden Mandalas und die hundert Bände esoterischer Lehren zusammen mit den Ritualgeräten an dich zu nehmen. Kehre in dein Land zurück und verkünde dort die Lehren ... Dann wird das Land Frieden haben, und jeder wird zufrieden sein. Auf diese Weise wirst du Buddha und deinem Lehrer Dank abstatten.« ... Dies waren seine letzten Unterweisungen ... In der Nacht des letzten Vollmondes des Jahres reinigte er sich in einem rituellen Bad, legte sich auf seine rechte Seite, vollzog die Handhaltung des Vairocana und atmete zum letzten Mal.

In jener Nacht, als ich meditierend in der Halle saß, erschien mir der Abt und sagte: »Du und ich, wir haben uns verpflichtet, die esoterischen Lehren zu verbreiten. Wenn ich in Japan wiedergeboren werde, dann will ich dein Schüler sein.«

Die Entwicklung in Richtung Geheimlehre (= Esoterik) könnte man als natürliche Entwicklung einer Religion erklären, deren Aussagen zu abstrakt und deren Wesen und Möglichkeiten bzw. letzte Ziele zu schwierig sind, um von den Massen praktiziert werden zu können – bzw. die bewusst ihr *Kriya*-Gesicht nach außen wendet, um die Spreu vom Weizen zu sondern: Einerseits will sie irrationale Bedürfnisse nach dem Geheimnisvollen, dem *Mysterium tremendum*, befriedigen, andrerseits signalisiert sie die möglichen Tiefen, die man erreichen, in Gang setzen und beherrschen lernen kann. Dies gibt es in vielen verschiedenen Spielformen der Mysterien und der Mystik in allen Religionen und sollte nicht gleich als unseriös, schwarzmagisch, gefährlich oder die wahre Lehre verfälschend abqualifiziert werden.

Es gibt freilich Elemente im Diamantenfahrzeug, die eindeutig aus dem indischen **Shaktismus** (von *shakti* = Kraft) stammen und von Beginn an sehr bewusst in das vajrayānische Ritual-Repertoir einbezogen wurden. In unserem Zeitalter der sexuellen Enttabuisierung haben die Entdeckung, wissenschaftliche Erforschung und Veröffentlichungen über den Tantrismus auch bei solchen Menschen Interesse daran erweckt, die anderen religiösen Vollzügen ansonsten eher gleichgültig bis desinteressiert gegenüberstehen.

Heinz Bechert macht darauf aufmerksam, dass der hinduistische Shaktismus dadurch charakterisiert ist, dass göttliche Kräfte als weibliche Gottheiten personifiziert werden, um zu erklären, dass die Entfaltung des Absoluten bis hinein in die Welt der Erscheinungen als Folge einer scheinbaren Selbstentzweiung des höchsten Seins durch die als weiblich betrachtete *Shakti-Kraft* zu verstehen ist. Er weist darauf hin, dass im Ritual der shaktistischen Tantriker die folgenden **fünf Makāras** – fünf den Menschen faszinierende Dinge, die im Sanskrit mit »M« beginnen – Anwendung finden: *Mada* (= Branntwein), *Matsya* (= Fisch), *Māmsa* (= Fleisch), *Mudrā* (= Getreidekörner) und *Maithuna* (= Geschlechtsverkehr).

Indem im Tantriker das Wissen um die letztendliche Einheit der Welt vermittelt und ins Bewusstsein gehoben wird, werden die »animalischen Lebensäußerungen« aus den menschlichen Leidenschaften herausgelöst und zur Grundlage religiöser Erfahrungen und höherer Einsichten gemacht. Dies wird dadurch erreicht, dass an die Stelle sinnlicher Glücksgefühle durch Genuss in den fünf »M«-Bereichen durch das

Mittel der mystischen Verwirklichung *(sādhanā)* das grenzenlose Glücksempfinden der Selbstverwirklichung tritt. Diese Transformation geschieht durch die gekonnte Verbindung von Kult und Yoga.

Die sexuelle Erfahrung ist nun aber sicherlich eine der intensivsten Glücksempfindungen im menschlichen Leben, ja sie stellt als Geschlechtstrieb geradezu ein Synonym für das Leiden erzeugende und perpetuierende Begehren dar. Deshalb wurde die Ausübung der Sexualität im älteren Buddhismus untersagt, weil sie der Annäherung an das Nirvāna (= Freiheit von jedem Begehren) diametral entgegensteht.

Im Tantrischen Buddhismus wurden nun Methoden entwickelt, um auch die Sexualität zur Realisierung der Wiedervereinigung von allem Entzweiten einsetzen zu können und sie einzubeziehen. Das Zusammenfallen der Gegensätze – im geistigen Sinn geht es um die Einheit von *Prajna* (= Erkenntnis) und *Upāya* (= Erlösungsmittel) – wird hier durch die Vereinigung des Weiblichen und des Männlichen symbolisiert.

Diese Einbeziehung des Erotischen in der Form des sexuellen Symbolismus des shaktischen Tantras – wie es sich in Texten und Abbildungen der tantrischen Kunst in Indien vielfältig manifestiert, z. B. in den unzähligen Reliefs in Khajuraho – hat wegen der Annäherung von Hinduismus und Mahāyāna-Buddhismus in der Mitte des 1. Jahrtausends n. Chr. in der Schule des Vajrayāna auch Eingang in die buddhistische Religiosität gefunden.

Dabei geht es aber nicht nur um Sexualität im engeren oder auf die körperliche Vereinigung enggeführten Sinn, sondern auch um die Erhaltung und Erzeugung von Lebenskraft im Körper. Dies geschieht nicht nur durch den Genuss von Trank und Speise, durch das Atmen und durch körperliche Bewegung, sondern vor allem auch durch die sogenannten ***Chākras*** (= Räder) im menschlichen Körper, die im Zusammenhang mit Drüsen oder Nervenzentren als Mittelpunkte des Lebenssystems gelten, auch Sitz bestimmter psychischer Kräfte sind und auch als geistige Kraftzentren fungieren, wenn sie in der Identifikation von Makrokosmos und Mikrokosmos zum Ort bestimmter Gottheiten im Menschen, zu geistigen Prinzipien oder zum Objekt der Identifikation mit gewissen religiösen Werten werden.

In dieser Sicht werden die Hauptleitungen des Nervensystems mit Grundbegriffen der tantrischen Erlösungslehre verbunden: Der linksseitige Nervenstrang *(lalanā)* hat z. B. eine Affinität zur Erkenntnis (*prajna*) und zum weiblichen Prinzip. Der rechtsseitige Nervenstrang *(rasanā)* dagegen zum Erlösungsmittel *(upāya)* und zum männlichen Prinzip. In der Mitte – durch das Herz-Chakra führend – liegt eine Nervenbahn *(avadhūtī)*, durch welche die Kraft des Erlösungsdenkens *(bodhicitta)* fließt. Und durch das bewusste (rituell-meditative) Vereinen des linken und rechten Nervenstrangs mit dem zentralen geschicht die Vereinigung von Prajna und Upāya im Glückszustand des *Prajnopaja*.

In diesem tantrischen Zusammenhang wird daher auch der im Buddhismus bisher in der Form von *Samādhi* (= Versenkung) und *Vipashyanā* (= Klarsicht) auf Kontrolle des Körpers und Förderung der Konzentration ausgerichtete **Yoga** neu gepolt: Er ist im Vajrayāna auf den eigenen Körper hin ausgerichtet, der zur Stätte aller höheren Erkenntnis wird, weil für den Tantriker das Gefühl des Glücks und das Wesen des Absoluten zusammengehören. Auch für den Tantriker ist allerdings nicht die höhere Erkenntnis das perfekte Glück (= Absolutes, Nirvāna), sondern die Überwindung aller Gedankentätigkeit, die man durch Befreiung von allen Gedanken und Empfindungen verwirklicht – auch das Gefühl der Befreiung muss überwunden werden!

Anders ausgedrückt: Wenn Samsāra und Nirvāna nur verschiedene Aspekte derselben Realität sind, ist es nicht mehr notwendig, die Welt zu fliehen und die Leidenschaften zu unterdrücken, dann muss man sie vielmehr – da sie die Keime der Vollkommenheit in sich tragen – veredeln, um sie heilförderlich zu machen. Es liegt auf dieser Linie, wenn man die geschlechtliche Vereinigung als Symbol des Erreichens der absoluten Einheit der beiden Aspekte der Realität versteht und jedem Buddha eine weibliche Gottheit zur Seite stellt, die mit ihm den sakralen Liebesgenuss vollzieht. Dies wird in der tantrischen Kunst dargestellt, und diese Bilder werden von den Gläubigen verehrt und angebetet als das Symbol der transzendenten Einheit, die die scheinbare Vielheit der Erscheinungswelt überbrückt.

In den späteren Kommentaren und in der tibetischen Auslegungstradition werden die ursprünglichen Texte zur rituellen Vereinigung im eben beschriebenen geistigen Sinn übereinstimmend metaphorisch erklärt. Daraus ist zu schließen, dass sich diese Vereinigung eher nur in der Meditationssphäre der Übenden vollzog – es ist aber nicht auszuschließen, dass die beschriebenen Praktiken auch körperlich durchgeführt wurden. Dass darin natürlich eine brisante Gefahr der Verweltlichung und des Missbrauchs bestand und dass das Diamantenfahrzeug auch das Seine zum Niedergang des Buddhismus in Indien beitrug, liegt auf der Hand.

Als Urheber der ältesten Formen des shaktistischen Tantras, das wahrscheinlich in die vorbuddhistische Zeit zurückreicht, sind – soweit sie überhaupt bekannt wurden – religiöse Einzelgänger oder Mitglieder religiöser Gruppierungen festzustellen, die als Wandermönche unterwegs waren und, mit magischen Kräften *(siddhis)* ausgestattet, Anstoß, Aufsehen und Bewunderung erregten. Durch Konzentration konnten sie acht magische Effekte erzielen: Beherrschung der Naturkräfte, Seuchen zum Erlöschen bringen, wilde Tiere zähmen, auf dem Wasser gehen, Felsen fortbewegen, die Verwesung von Leichen stoppen, Tote zum Leben erwecken, böse Dämonen zu Helfern der Lehre machen.

Vom Tibeter Marpa wird erzählt, dass er von seinem Lehrer *Nāropa*, dem Rektor der indischen Universität Nālanda (des buddhistischen Oxford) gelernt hat, seine Gestalt und seine Größe zu verändern, über weite Entfernungen zu hören und zu sehen, Gedanken zu lesen, sich an seine früheren Existenzen zu erinnern und die Zukunft zu sehen und zu deuten.

Etwa seit dem 8. Jh. nahmen viele buddhistische Gelehrte die tantrischen Überlieferungen auf, systematisierten sie und reicherten sie z. B. noch mit astrologischem Wissen an.

Das gilt z. B. auch für das letzte der indischen buddhistischen Systeme, das sogenannte **Kālachakra** (= Zeitrad), das im 10. Jh. n. Chr. in Bengalen entstand und auch die Lehre vom **Ādibuddha** (= Ur-Buddha) enthält, aus dem alle anderen Buddhas und letztlich das gesamte Universum hervorgegangen sind. Damit näherte sich der Buddhismus kurz vor der islamischen Eroberung dem Monotheismus an und brachte eine weitere Facette in das reiche Angebot ein, das die gesamte buddhistische Tradition für ihre Anhänger transportiert.

Ehe wir uns der weiteren Geschichte des Buddhismus in den einzelnen Ländern, in denen er bis heute lebendig blieb oder neue Formen entwickelte – bis zu unserer Gegenwart – zuwenden, noch eine typisch tantrische Überlieferung zur Konkretisierung:

Eines Tages kam ein Yogin in blauem Gewand, der ein drittes Auge auf der Stirn besaß, zu einer Branntwein verkaufenden Yoginī in Bengalen. Er hielt einen Vajra aus Akazienholz in der Hand. Dieser Yogin kaufte Branntwein und verbrachte die Nacht mit der Yoginī.
Am Morgen war er verschwunden; nur der Vajra war noch da. Als die Yoginī ihn in die Hand nahm, ging davon ein blaues Licht aus, das in ihre Arme einging. Der Yogin war der Bodhisattva Vajrapāni.
Ein Jahr später wurde als Folge dieser geheimnisvollen Verbindung von der Yogini ein Sohn zur Welt gebracht. Als er sieben Jahre alt war, nahm ihn ein Mönch, der als Bodhisattva Avalokiteshvara identifiziert wird, als Novize an und lehrte ihn die Tantras. Er brachte ihn durch die Luft in das Land Shambhala, wo er der Predigt des Meisters Kūlika zuhörte. Der Mönch trug dem Novizen, der nun den Mönchsnamen Tsi-lu-pa führte, auf, den Inhalt dieser Predigt, das Kālachakra, in Bengalen zu verbreiten. Tsi-lu-pa ging später nach Südindien und zeichnete dort die bis dahin nur mündlich überlieferte Kālachakra-Lehre auf. Schließlich begab er sich zur Klosteruniversität Nālanda, besiegte in einer Disputation den Abt des Klosters, Nādapāda, und bekehrte ihn zum Kālachakra. Nādapāda, von den Tibetern Naropa genannt, wurde der bedeutendste Interpret des Kālachakra in seiner Zeit.

Weltreligion Buddhismus

Die buddhistische Weltmission des Ashoka

Als Kaiser Ashoka um 250 v. Chr. in Sarnath bei Benares, wo der Buddha das »Rad der Lehre in Gang gesetzt« hatte, einige Klöster und Stupas erbauen ließ, ließ er auch eine hohe Säule errichten und mit einem Kapitell schmücken, auf dem vier brüllende Löwen dargestellt sind, die das Rad der Lehre tragen und in die vier Himmelsrichtungen schauen. Da die Predigt des Buddha mit dem Gebrüll eines Löwen verglichen wurde, dokumentierte er mit diesem **Löwenkapitell** – das von der Republik Indien als Staatswappen übernommen wurde – seine Initiative, eine Weltmission für den Buddhismus zu starten.

Ashoka tat dies nicht als Staatsmann, der dadurch sein Reich vergrößern wollte und die Weltherrschaft anstrebte, sondern in der Nachfolge des Buddha, der die Welt überwunden hat. Diese Eroberungen für die Lehre des Buddha bzw. Ersiegung der Himmelsgegenden *(digvijaya)* hatte daher rein geistige Motive, und Ashoka trennte mit erstaunlicher Konsequenz Glaube und Politik. Daher wurde bei der Verbreitung des Buddhismus ganz im Gegensatz zum Islam und zum Christentum konsequenter Weise auf jede Art von Gewaltanwendung verzichtet.

Schon in dieser ersten Zeit der Weltmission zeichnete sich eine doppelte Stoßrichtung ab: nach Süden und nach Norden. Auf der **Südroute** kam man früh nach Ceylon/Sri Lanka und Hinterindien sowie in das Malaiische Archipel – auf der **Nordroute** nach Zentralasien (entlang der Seidenstraße zwischen China und dem Schwarzen Meer), Nepal und Tibet und vor allem nach Ostasien (China, Korea, Japan, Mongolei).

Buddhismus in Indien

Das erste Missionsfeld der »guten Religion« war zunächst das Reich Ashokas selbst, also der riesige indische Subkontinent. Die staatliche Förderung unter Ashoka und seinen Nachfolgern ebnete sicherlich der neuen Religion, die eine Alternative zum erstarrten Brahmanismus/Hinduismus bot, den Weg.

Sehr viel bewirkten auch die bald nach dem Tod des Buddha aufkommenden Legenden und Wundererzählungen, die von den Wandermönchen in alle Regionen des riesigen Reiches getragen wurde.

Das Volk war davon fasziniert, ließ sich für den Buddhismus begeistern, und auf diese Weise entstanden Wallfahrtsbewegungen zu den im Leben des Buddha wichtigen Orten wie Bodh-Gayā oder Benares. Große Anziehungskraft übten dabei die **Stupas** aus, die als Reliquiare die Überreste des Erhabenen bewahrten und die Menschen mit Prozessionsriten anlockten. Damals zählte es bereits zu den verdienstvollen Werken für die sog. Haushalter (die Laien), Stupas als Gedenkstätten zu errichten. So wuchsen diese überall aus dem Boden und überzogen das Land mit einem dichten Netz der Erinnerung – und sie wurden auch gerne besucht, wenn sie keine Urne mit einem Teil der Asche des Buddha oder sonstige attraktive Erinnerungsstücke anzubieten hatten.

Die Stupas wurden von Mönchen betreut, die dann aber nicht mehr nur wanderten, sondern feste Klöster – und damit religiöse Zentren – bauten, die wiederum ein relativ großes Umfeld von treuen Gemeindemitgliedern benötigten, um mit deren Gaben ihren Lebensunterhalt bestreiten zu können. Jedes dieser zahlreichen Klöster leistete Missionsarbeit und Werbung für den Buddhismus, und so kam es in dieser Zeit zu einem geradezu sprunghaften Anwachsen der Zahl der Gläubigen.

Buddha wurde damals nicht nur als Vorbild, sondern bereits als strahlender Held dargestellt, den man mit übernatürlichen Kräften begabt glaubte, da er sogar Brahmanen dazu bewegen konnte, sich von den alten Göttern und Riten abzuwenden und sich ihm anzuschließen.

Es waren dann vor allem die Mönche der **Mahāsanghika-Schule** (also die Vorläufer des Mahāyāna), die bewusst und ausdrücklich die Lehre des Buddha vereinfachten und konkretisierten und damit für das Volk zugänglich machten. Dabei wurden natürlich Zugeständnisse an die Erwartungen und Bedürfnisse der Menschen gemacht: Man war bereit, sich von den alten Göttern und Riten abzuwenden, wenn man einen mächtigeren Gott und wirksamere Helfer und Beschützer erhielt.

So wurde wohl bereits vor Ashoka Buddha als Gott verehrt, und es entstanden neben den offiziellen und in den ersten zwei Konzilen kanonisierten Lehrreden populäre Erklärungen, Ausschmückungen und Anwendungen – also eine religiöse Volksliteratur –, die ganz entscheidend zur Ausbreitung beitrug. Dies war zwar nicht im Sinn des strengen Buddha Shākyamuni, aber der hatte sich ja zu Lebzeiten fast ausschließlich mit Mönchen (und Nonnen) umgeben und diesen den direktesten Weg zur Befreiung vom Leid gelehrt. Seine Lehre war daher für eine Volksreligion eher unergiebig, ja, ihr scheinbarer Atheismus und ihre ashetische Ausrichtung standen dieser Entwicklung sogar direkt entgegen. Nicht aber seine Aufforderung, seine Erkenntnisse von der Überwindung des Leidens überall zu verbreiten.

Die Missionare erkannten schnell, dass die Lehre des Buddha nicht anti-religiös war, sondern sich nur in elitären Bereichen der Schulung von *arhats* (= Heiligen) bewegt hatte. So weit waren aber die wenigsten Menschen. Sie mussten erst an die Voraussetzungen herangeführt werden, die z. B. das Beschreiten des edlen achtfachen Pfades ermöglichten. So sahen sie sich nicht im Gegensatz zu ihm und seiner Lehre, sondern als Fortführer dessen, was er auch wollte, aber (noch) nicht tun konnte; und sie waren davon überzeugt, dass er es auch nicht unterbunden hätte, wenn er in ihrer Situation wäre.

Sehr bald überschritten die Missionare – ganz im Sinne der Weltmission des Kaisers in alle Richtungen die Grenzen des Reiches. Davon berichten die folgenden Kapitel.

In Indien selbst entwickelte sich der Buddhismus zunächst in den bereits skizzierten drei Strängen weiter – sowohl als Volksreligion wie als Heilsweg der Mönche und Intellektuellen. Wie der Buddha selbst vorausgesagt hatte, kam es jedoch allmählich zu einem **Verflachen der Lehre**, und der Buddhismus erfuhr auch selbst die Gültigkeit und Allwirksamkeit des Gesetzes der **Vergänglichkeit**.

Dafür waren hauptsächlich zwei Gründe maßgeblich:

1. Das **Wiedererstarken des Hinduismus** um die Mitte des ersten nachchristlichen Jahrtausends sowie eine **Annäherung beider Religionen**, die sich in einer Zeit der politisch-kulturellen Blüte gegen den Buddhismus und zugunsten der

hinduistischen Tradition – die entsprechend adaptiert worden war – auswirkte.
2. Der **politische Druck des Islam** ab dem letzten Drittel des 7. Jh., der sich bei fortschreitenden Erfolgen ebenfalls gegen den (internationalen) Buddhismus auswirkte. Das konnten und wollten auch die Radschas nicht mehr verhindern, die im Abwehrkampf gegen den andrängenden Islam eine nationale Front bilden mussten, die natürlich mehr Unterstützung vom Hinduismus als vom Buddhismus erhielten.

Gegen Ende des 1. Jahrtausends war dann jedenfalls der Buddhismus weitgehend aus seinem Ursprungsland Indien vertrieben – viele Mönche und Gelehrte wanderten in buddhistische Zentren in anderen Ländern aus oder verstärkten die Mission in anderen Ländern – und es gibt bis heute nur wenige effektive Versuche einer »Rebuddhisierung« Indiens.

Buddhismus auf Sri Lanka (Ceylon)

Auf der nur 40 km von der südindischen Küste entfernten Insel **Sri Lanka** (= ruhmreiche Insel), die früher unter dem Namen **Ceylon** (= Insel der Singhalesen) bekannt war, gab es von Anfang an eine besonders große Bereitschaft für den Weg des Buddha.

Hier soll bereits um das Jahr 250 v. Chr. ein Sohn Ashokas, der Buddhisten-Mönch ***Mahinda***, als Missionar tätig gewesen sein und König ***Tissa*** auf dem Berg Mithin-tale (= Ort, an dem Mahinda erschien) 13 km östlich der Hauptstadt Anuradhapura begegnet sein. Dieser war so beeindruckt, dass er sich zusammen mit seinem Hofstaat zum Buddhismus bekehrte und dem Mahinda und seinen Begleitern einflussreiche Stellungen einräumte.

Mahinda rief auch seine Schwester ***Sanghamitta*** ins Land, und sie gründete ein Nonnenkloster, das allerdings nicht allzu lange bestand. Sie brachte aus Indien einen Zweig vom Bodhi-Baum mit, unter dem Buddha zur Erleuchtung gekommen war. Der König ließ ihn in seiner Hauptstadt einpflanzen, er gedieh prächtig und wird noch heute gezeigt.

Der König krönte sich feierlich als buddhistischer Monarch, nahm nach dem Vorbild Ashokas den Titel *Devanampiya* (= der Gottgeliebte) an und förderte den Glauben so nachhaltig, dass Sri Lanka bald zu einer Stütze des gesamten Buddhismus wurde.

Im großen Mahavira-Kloster von Anuradhapura, das zu seiner Blütezeit an die 5.000 Mönche beherbergte, entstand im 5. Jh. n. Chr. das sogenannte **Mahawamsa** (= die große Folge der Könige), in dem die Geschichte der Stadt – die im 5. Jh., in ihrer Blütezeit, einen Umfang von 55 km hatte und über zahlreiche staunenswerte Paläste, Klosteranlagen und Stupas verfügte –, die Vorgeschichte Sri Lankas bis zur Buddhisierung und die Geschichte des Buddhismus bis zum 4. Jh. n. Chr. in der dem Sanskrit verwandten Pali-Sprache, aufgeschrieben wurde. Obwohl diese Chronik mit zahlreichen Legenden und frommen Verknüpfungen versehen ist, bedeutet sie doch eine Fundgrube für unsere Kenntnis über die Geschichte dieser Wiege des Theravāda – und sogar bis weit in die Neuzeit herauf, da das Mahawamsa im 19. Jh. bis zum Jahr 1815 ergänzt wurde.

Etwa 70 Prozent der Bevölkerung Sri Lankas sind indoeuropäischer Abstammung und nennen sich **Singhalesen** (= Löwenvolk). Sie kamen von Indien her auf die Insel, landeten im Jahre 480 v. Chr., geführt von König ***Vijaya*** (= Sieger), im Nordwesten und unterwarfen die Urbevölkerung, die sie *Yakkha* (= Dämon) nannten. Dies lässt vielleicht auf den Geisterglauben der ansonsten nicht näher bekannten Inselbewohner schließen. Eine relativ große Bevölkerungsgruppe in Sri Lanka sind **Tamilen**, die aus dem Süden Indiens stammen und mit Sri Lanka immer in enger Verbindung standen. Vijaya soll eine Tamilen-Prinzessin zur Frau genommen haben. Im Laufe der Zeit siedelten sich die Tamilen im äußersten Nordwesten an, wo sie im 14. Jh. das von den singhalesischen Herrschern unabhängige **Jaffna-Reich** begründeten, das dreihundert Jahre bestand. Sie waren zum Großteil **Shivaisten** und hatten in ihrer Mentalität wenig mit den Singhalesen gemeinsam.

Die 440 km lange und 220 km breite Insel hat zwei verschiedene Zonen: dem eher trockenen Norden und Osten steht ein feuchter Süden und Westen gegenüber. Die Hauptstadt Anuradhapura liegt im Nordwesten, also in der Trockenzone, und man war deshalb auf künstliche Bewässerung angewiesen, die schon sehr früh erfolgte und erstaunliche technische Fertigkeiten verrät: Man sammelte das Wasser in großen Speicherbecken und leitete es dann über Kanäle in die Hauptstadt und weiter zur Bewässerung der Reisfelder und anderer Anbauflächen. Das **Kala Wāwa**, ein riesiges Speicherbecken mit 2.400 ha Wasserfläche, lag z. B. 90 km südlich der Stadt und der Höhenunterschied beträgt nur 9 cm pro Kilometer.

Von Zeit zu Zeit kamen Invasoren aus Indien. Sie konnten aber lange Zeit erfolgreich abgewehrt werden. Es waren dann Zwistigkeiten innerhalb der königlichen Familie, die schließlich im Jahr 992 zum Zusammenbruch des Anuradhapura-Reiches führten. Die Hauptstadt wurde von ***Radscharadscha I.***, aus der südindischen Chola-Dynastie, gestürmt und geplündert, und als der geflohene König einige Jahre später gefangen genommen wurde, war bereits die gesamte Insel in der Gewalt der Invasoren, die 110 km südöstlich von Anuradhapura die neue Hauptstadt **Polonnaruwa** gründeten.

Als die Chola etwa 75 Jahre später die Insel wieder verließen, blieb die neue Hauptstadt auch die Residenz des singhalesischen Königs ***Vijayabahu*** (1070–1110), da die alte mittlerweile vom Dschungel überwuchert worden war. König ***Parakramabahu I.*** (1153–1186) ließ für Polonnaruwa ein dem früheren vergleichbares Bewässerungssystem anlegen, und die Stadt erlebte eine große religiöse und kulturelle Blütezeit, die sich in herrlichen Bauwerken und Statuen niederschlug.

Im Dschungel-Heiligtum von Galvihara gibt es z. B. einen vierzehn Meter langen liegenden Stein-Buddha und neben ihm eine sieben Meter hohe stehende Figur, die vermutlich den treuen Ānanda darstellt, wie er den in sein Parinirvāna eingegangenen Gautama bewacht. Zusammen mit erstaunlichen Felsbildern, vielen weiteren Kolossalfiguren und herrlichen Gebäuden legen diese Meisterwerke Zeugnis ab von der Kraft des Glaubens und der hohen Kultur der Singhalesen.

Dass es aber nicht nur den Therāvāda auf Ceylon gab, sondern auch Anhänger des Mahāyāna und Vajrayāna, bezeugt z. B. eine Gruppe von 7 riesigen Figuren, als Halbrelief aus einer Felswand im Wald von Buduruvegala (im Süden) gemeißelt: in der Mitte ein eindrucksvoller, 15 m hoher Buddha; ihm zur Seite je ein 12 m hoher Bodhisattva und zwei weitere kleinere Figuren; eine von ihnen hält eine Vajra in der Hand, das Symbol des Tantrismus.

1215 verwüstete ein Eroberer namens ***Magha*** das Reich. Polonnaruwa wurde aufgegeben, und der Schwerpunkt verlagerte sich in den Südosten. Nacheinander wurden Dambadeniya, Kurunägala, Gampola und schließlich Kotte – im Südwesten der Insel, in der Nähe von Colombo – die Hauptstädte der singhalesischen Könige. Colombo war damals eine islamische Enklave.

Wir sind über diese Epoche Sri Lankas besonders gut informiert, weil 1293 Marco Polo auf seiner Rückreise aus China die Insel besucht hat und später in Venedig ausführlich von den Schätzen der Insel berichtet hat:

Der König hat den schönsten Rubin der Welt, wie nie einer gesehen wurde; ich werde ihn beschreiben: Er ist ungefähr eine Spanne lang und fast ebenso dick, beinahe wie ein menschlicher Arm. Er ist der köstlichste Gegenstand der Welt, völlig makellos, rot wie Feuer und von solchem Wert, dass ihn niemand kaufen kann. Der Großchan (Kubilai Khan) *schickte um diesen Rubin und wollte ihm der Wert einer guten Stadt dafür geben. Er sagte aber, er würde ihn um nichts in der Welt hergeben, denn er wäre von seinen Vorfahren.*

Gegen Ende des 15. Jh. etablierte sich die singhalesische Sprache (das indoarische *Elu*) als literarische Hochsprache. Das ist deshalb von Bedeutung, weil viele buddhistische Themen, die früher nur im mittelindischen Pāli vorlagen, jetzt in dieser dem Sanskrit näheren Sprache behandelt wurden. Interessant sind z. B. die ***Jataka*** (= Erzählungen von der Geburt), in denen 547 Vorexistenzen des Buddha erzählt werden.

1505 landete das erste portugiesische Schiff in der Bucht von Colombo, und binnen kurzem war der singhalesische König – der damals in Kotte residierte – zum Christentum bekehrt und überredet, sein Reich – da er kinderlos war – dem König von Portugal zu überschreiben. Seit dieser Zeit gibt es Christen auf Sri Lanka (im westlichen Küstengebiet um Colombo etwa 10 Prozent).

Während in Kotte die singhalesische Herrschaft dieses sonderbare Ende nahm, entstand im Landesinneren, knapp 100 km östlich, mit **Kandy** als Hauptstadt ein neues Reich. Das Zentrum der Stadt bildete ein Heiligtum, in dem ein Zahn des Buddha aufbewahrt und verehrt wird, der bereits im

4. Jh. n. Chr. von einer indischen Prinzessin nach Ceylon gebracht worden war und der in den verschiedenen bisherigen Hauptstädten jeweils in einem besonderen Stupa (bzw. Dagäba, wie man auf Ceylon die Mausoleen bzw. Reliquiare nennt) verehrt worden war und jetzt im **Dalada Maligawa,** dem »Tempel des Zahns«, gehütet wird.

Im Mittelpunkt des Tempels befindet sich ein kleines Haus, in dem sieben goldene, mit Juwelen besetzte Schreine stehen, von denen immer einer die anderen umschließt. Der Legende zufolge soll der Zahn vor der Verbrennung des Körpers des Erhabenen entwendet worden und auf abenteuerlichen Wegen nach Sri Lanka gekommen sein. Nach der Zerstörung von Polonnaruwa wurde die Reliquie auf das Festland gebracht, von dort aber durch König Parakramabahu III. wieder zurück geholt, vor den Portugiesen, die sie unbedingt haben wollten, verborgen und dann nach Kandy gebracht, wo sie bis heute von zahlreichen Gläubigen verehrt wird.

Im Reich von Kandy – das politisch wenig Bedeutung hatte – blieb die buddhistische Überlieferung trotz großer Probleme bewahrt. Im 18. Jh. war die buddhistische Ordination auf der Insel sogar erloschen. Da nahm man Kontakt mit der Sangha in Thailand auf und konnte sie von dort her wieder beleben. Damals gehörten aus diesem Grund etwa 18.000 buddhistische Mönche Sri Lankas zur Nikaja von Thailand!

Eine andere Besonderheit aus dieser Zeit bestand darin, dass der buddhistische König von Kandy katholische Priester unter seinen Schutz nahm, die von protestantischen Niederländern, welche die katholischen Portugiesen aus Ceylon vertrieben hatten, verfolgt wurden.

1796 aber kamen die Engländer nach Ceylon. 1815 wurde Kandy besetzt. Und die gesamte Insel stand nun bis zur Unabhängigkeitserklärung von 1948 unter britischer Oberhoheit – auch die Verehrung des Buddha-Zahns, die sich im 19. Jh. größter Popularität erfreute. Der jährliche *Perahāra* (= Prozession mit dem Zahn) zur Zeit des Vollmonds im August wurde regelmäßig von den Mönchen der fünf Haupttempel der Stadt inszeniert.

Andere bedeutsame buddhistische Wallfahrtsorte auf Sri Lanka, die den Charakter der »Weltreligion Buddhismus« bezeugen, sind das Dschungelheiligtum von **Kataragama** im Süden der Insel, wo Buddhisten und Hinduisten gemeinsam den Gott Skanda, einen Sohn des Shiva verehren – unter anderem durch ein rituelles Bad im nahe gelegenen Mänik Ganga-Fluss. Oder der 2.241 m hohe **Adams Peak** im Südwesten mit dem berühmten *Siripada* (= Fußabdruck Buddhas) auf dem Gipfel. Der Buddha soll der Legende nach dreimal während seines Lebens Sri Lanka besucht haben – einmal war er auch auf diesem Berg. Der Name des Berges stammt aber von den Muslimen, die in der auffälligen Felsformation eine »Fußspur Adams« verehren, der nach der Vertreibung aus dem Paradies hier in Sri Lanka Gott um Verzeihung angerufen habe. Für die Christen Ostasiens stammt dieser Fußabdruck dagegen vom Apostel Indiens, dem heiligen Thomas. Und die Hindus kommen auf den Adams Peak, weil sie der Meinung sind, dass hier Shiva ein unvergängliches Zeichen seiner Anwesenheit hinterlassen habe.

Da der Buddhismus auf Ceylon mehr als zwei Jahrtausende Staatsreligion war, dominierte im Lauf der Geschichte die Gemeinschaft der Mönche *(sangha)* nicht nur in ihren angestammten Funktionen (Lehrer, Prediger, Priester), sondern auch als Großgrundbesitzer und in der Politik. Es gab, wie schon angedeutet, immer wieder Krisen und Reformbemühungen, besonders stark im Zuge der britischen Eroberung (1815) und rund um die Erklärung der Unabhängigkeit (1948). Die im Lauf der Jahrhunderte gewachsenen dichten Verflechtungen von Glaube und Politik und die teilweise blutigen Auseinandersetzungen mit den hinduistischen Tamilen und singhalesischen Christen konnten in Sri Lanka aber trotz des starken Rückzugs des Buddhismus bis heute nicht beendet werden und flackern immer wieder auf.

Im 19. und 20. Jh. gab es eine buddhistischer Erneuerungsbewegung, die von den 1873 und 1975 eröffneten beiden buddhistischen Gelehrtenschulen, die sich der Mönchsausbildung widmeten, gesteuert wurde. Die Veröffentlichung des »Großen Streitgesprächs von Pānadurā zwischen Mohattivadē Gunānanda Thera und den beiden christlichen Geistlichen David da Silva und F. S. Sirimanne wurde ins Englische übersetzt und 1874 in Michigan veröffentlicht. Es fand ein großes Echo im Westen und trug dazu bei, dass H. S.

Olcott mit Helena Blavatsky, die 1875 die Theosophische Gesellschaft begründeten, als erste im Westen auf den Buddhismus aufmerksam machten. Der Besuch der beiden 1880 in Sri Lanka gilt als Beginn der modernen buddhistischen Erneuerung, da der aus einer buddhistischen Familie Ceylons stammende David Hewavitarme (1864–1933; als Mönch nannte er sich Anagārika ***Dharmapāla***) durch den Kontakt mit Olcott und Blavatsky angeregt wurde, die *Bodh-Gaya-Mahābodhi-Gesellschaft* in Colombo zu gründen, deren Ziel es war, die Buddhisten aus allen Ländern zu einigen. Seit die Zentrale 1892 nach Kalkutta verlegt wurde, war sie eine wichtige Kraft zur »Rebuddhisierung Indiens«, deren führende Persönlichkeit Bhimrao Ramji ***Ambedkar*** (1891–1956) wurde.

Der Buddhismus in Zentralasien

Ebenso früh wie im Süden nach Ceylon kam der Buddhismus im Norden nach Zentralasien. Die Tätigkeit der buddhistischen Missionare im Norden und Nordwesten des Ashoka-Reiches überschritt sehr schnell die nordwestlichen Grenzen des Reiches, und bald dehnten die Glaubensboten – unterstützt durch die kommunikativen Möglichkeiten der Seidenstraße – ihre Mission weit nach **Zentralasien** hinein aus.

Buddhismus in Zentralasien.

Dafür gibt es als steinerne Zeugen die berühmten Felsenedikte Ashokas (in Kharosthī-Schrift in der mittelindischen Gāndhāri-Sprache formuliert, zum Teil mit beigefügter griechischer und aramäischer Übersetzung z. B. in den heute in Nordpakistan gelegenen Orten Shāhbāzgarhī und Mānsehrā) sowie Stupas in Taxila. Aber auch der im Pali-Kanon enthaltene *Milindapanha* (= Fragen des hellenistischen Königs Menander = Milinda, die vom buddhistischen Mönch Nāgasena beantwortet werden) und z. B. Beschreibungen Plutarchs über den Tod dieses Königs belegen die frühe Verbreitung des Buddhismus in Richtung Norden und Nordwesten.

Ob Ashoka tatsächlich auch Sendboten nach Ostturkestan, Hinterindien und China schickte oder zu all den Herrschern, die das Erbe Alexanders des Großen in Ägypten, Syrien, Makedonien, Anatolien usw. angetreten hatten – wie in buddhistischen Legenden berichtet wird –, lässt sich analog zwar vermuten, aber nicht belegen.

Doch noch im 1. Jh. v. Chr. fand der Buddhismus im sogenannten **Kusāna-Reich** (es umfasste Baktrien = Nordafghanistan, Nordpakistan, Teile des Kaschmir, Chinesisch-Turkestans sowie später auch Teile von Tadschikistan, Usbekistan und Chwaresm zwischen dem Aral-See und dem Kaspischen Meer) viel Unterstützung.

Aus dem 1. nachchristlichen Jahrhundert stammen z. B. die zwei riesigen, aus dem lebenden Fels herausgemeißelten Buddhastatuen an den beiden Enden des fruchtbaren Tales von Bāmiyān am Fuße des Hindukusch im heutigen Afghanistan, die in unseren Tagen von den fanatisierten islamischen Taliban schwer beschädigt wurden. Eine der beiden ist mit 54 m die größte monolithische Steinfigur der Welt. Sie sind steinerne Zeugen für die frühe buddhistische Mission in Zentralasien, durch die das Gesicht Asiens nachhaltig geprägt wurde.

Solche kriegerische Einwirkungen auf Glaube, Religion und Kultur sind in Zentralasien leider immer wieder erfolgt. So wurde die Ausbreitung und Entwicklung des Buddhismus z. B. bereits im 1. vorchristlichen Jahrhundert von den indo-iranischen Skythen (Shakas) und Parthern (Pahlavas) empfindlich gestört, als sie ihre (kurzlebigen) Reiche errichteten, dann nahmen sie selbst zum Teil den Buddhismus an, bauten Zerstörtes wieder auf und beteiligten sich an der Verbreitung. Ein gutes

Beispiel dafür ist die Stadt Taxila im heutigen Nordpakistan, die nach griechischem Muster wiederaufgebaut wurde, wobei der von Ashoka gegründete Dharmarājika-Stupa erweitert wurde.

Nicht nur durch ausgedehnte Klosteranlagen, die mit Fresken und Skulpturen reich geschmückt waren und deren Stupas Signale des frommen Gedenkens waren und zum Teil noch sind, sondern vor allem auch durch die Bekehrung von Königen (und damit ganzer Stämme und Völker) und durch die Übersetzung buddhistischer Texte in die jeweiligen Sprachen legten sie den Grund für langdauernde und tiefgreifende Wandlungen des Bewusstseins. Diese Mönche veränderten ebenso wie die kriegerischen Könige und mehr, als uns gewöhnlich bewusst ist, das Gesicht Asiens.

Ein interessantes Indiz dafür stellen z. B. Fresken in Mirān im Tarim Becken dar, die eine deutlich erkennbare Mischung griechisch-römischer und chinesischer Elemente aufweisen, obwohl sie in der typischen Ästhetik der persischen Sassanidenzeit ausgeführt sind. Dies weist darauf hin, dass der Buddhismus für alle geistigen Strömungen und kulturellen Gestaltungskräfte offen war, sie aufnahm und sich als kreativer Katalysator erwies.

Kopf eines meditierenden Mönchs mit »nach innen gerichtetem Blick«, gefunden in Kaschmir.

Der Kopf eines meditierenden Mönches, den man in Srinagar in Kaschmir fand – wo sich zahlreiche bereits in der Ashoka-Zeit gegründete Klöster befanden –, ist ein gelungenes Abbild des nach innen gerichteten Blicks jener Menschen, welche die die spezifische buddhistische Kontemplation praktizierten, die den Menschen über die vergängliche Welt der Sinne hinausführt und mit dem Absoluten in sich selbst verbindet.

Darüber sind relativ wenig Einzelheiten bekannt. Erhalten blieb aber der Name des Kusana-Königs *Kanishka*, der im 2. Jh. n. Chr. ganz im Stil Ashokas als ein Patron des Buddhismus Stupas erbauen ließ und wahrscheinlich das Vierte Buddhistische Konzil nach Peshawar (Nordpakistan) einberufen hatte.

Bis zum 5. Jh. erlebte der Buddhismus im westlichen Zentralasien eine erste Blüte, ehe der Einfall der sogenannten Weißen Hunnen (Hephtaliten) die Entwicklung schwer behinderte. Ein anderer Grund lag wohl darin, dass sich damals der Hinduismus nach einer langen Zeit der Erstarrung wieder entfaltete, expansiv wurde und den Buddhismus teilweise verdrängt hat. Beide wurden dann ab der Mitte des 7. Jh. von den islamischen Armeen bedroht, die nach dem Zusammenbruch des persischen Sassanidenreichs (642) nach Zentralasien vordrangen und das strategisch wichtige Gebiet entlang der Seidenstraße für den Islam beanspruchten, der Politik und Glauben nicht auseinander hielt, sondern in theokratischer Manier zu einer Einheit verschmolz.

In den folgenden Jahrhunderten wurde der Druck immer stärker. Islamische Armeen drangen bis tief nach Indien hinein vor, zerstörten unzählige Klöster mit ihren Bibliotheken, Stupas und Tempeln und trugen entscheidend dazu bei, dass der Buddhismus in seinem Stammland Indien seit dem 10. Jh. bis in unsere Gegenwart keine Rolle mehr spielt – und dass wir auch kaum Schriften und bauliche Überreste des Buddhismus aus dieser Zeit in Indien mehr haben.

In Ost- bzw. Chinesisch-Turkestan verlief die Entwicklung anders, weil die Königreiche von Kashgar, Khotan und Loulan vom »Hunnensturm« nur gestreift wurden und ab dem 7. Jh. das vom Buddhismus erfasste Tibet und die zwar expansive, aber doch konziliante chinesische T'ang-Dynastie dieser Region zu einem verhältnismäig ungestörten Wachstum verhalfen. Die Wandmalereien aus der Höhle der Tausend Buddhas in Qizil oder die reichen Malereien der Klöster von

Bäzäklik in der Turfan-Oase, wo das Turkvolk der Uiguren den Buddhismus angenommen und das Königreich Qoèo gegründet hatte, bezeugen diese Entwicklung. Doch setzte sich auch hier schließlich der Islam durch.

Die Mönche, die in den genannten Gebieten missionierten, waren wahrscheinlich Anhänger der Schule der *Dharmaguptaka.* Sie bedienten sich der ghāndarischen Sprache, dürften aber im 7. Jh. untergegangen sein. Ihre Nachfolge trat die Schule der *Sarvāstivādin* an, die sich in der Hochsprache Sanskrit ausdrückten.

Reiche Funde am Beginn des 20. Jh. bereichern die vorher spärlichen Belege. In Naupur bei Gilgit fanden z. B. durch eine glücklichen Zufall – vergleichbar der Entdeckung der Klosterbibliothek der Essener in Qumran – Hirten in einem Erdhügel, unter dem zwei stupaartige Gebäude verborgen lagen, sechzig Handschriften mit etwa 50 verschiedenen Texten, meist auf Birkenrinde geschrieben, aus dem 6.–7. Jh. n. Chr.

»Im ausgehenden 10. Jh. befahl die chinesische Regierung den Mönchen, ins weltliche Leben zurückzukehren. Viele weigerten sich und fanden den Tod. Hunderte ihrer mumifizierten Leichen wurden von der zweiten deutschen Turfan-Expedition in einem Kloster in Qoèo aufgefunden. Als der Herrscher dieser Stadt 1469 den Titel eines Sultan annahm und damit zugleich dem Sangha die offizielle Unterstützung entzog, begann der Wüstensand die letzten Spuren einer einst blühenden buddhistischen Kultur in Zentralasien zu begraben, zugleich aber auch bis zur Wiederentdeckung im 19. Jh. zu bewahren.« (Oscar v. Hinüber)

Der Buddhismus in Nepal

In Nepal, wo der Buddha zur Welt kam und die ersten 29 Jahre seines Lebens verbrachte, verbreitete sich der Buddhismus neben dem Hinduismus und blieb ungebrochen – allerdings mit besonderen nationalen Ausprägungen – bis heute bestehen. Zwei Volksstämme bildeten im fruchtbaren Katmandu-Tal zwischen den hohen Bergen des Äußeren Himalaja im Norden und den Mahabharata-Ketten im Süden die beiden in der Geschichte des Königreichs Nepal wichtigsten Bevölkerungsgruppen: die **Nevar** (ein aus dem Norden oder Nordosten eingewanderter stark indisierter mongolischer Stamm aus der tibeto-birmanischen Sprachgruppe) und die **Gurkhas** (ein aus Radshastan eingewanderter, mit ansässigen Bergvölkern vermischter indoarischer Stamm). Die Gurkhas, die dem Druck der Moslems ausgewichen waren, brachten den Hinduismus mit. Die Nevas nahmen eher den tibetischen Buddhismus (Vajrayāna) an, vermischten ihn aber zu einem eigenständigen nepalesischen Synkretismus – besonders durch den Zustrom aus Indien vertriebener Mönche, Gelehrter und Künstler, die hier vor dem Islam Zuflucht fanden. Später entwickelte sich dann die nepalesische Religion in einer typisch synkretistischen Form, die Elemente aus allen Schulrichtungen des Buddhismus und des Hinduismus verschmolz.

Ursprünglich und bis in das 18. Jh. hinein dominierten die Nevar sowohl in der Zeit der frühen **Malla**-Könige (1200–1480) wie der drei **Malla**-Reiche (1480–1768). Wobei ursprünglich die buddhistische Stadt **Patan** und die hinduistisch orientierte Stadt **Bhatgaon** kulturelle Mittelpunkte waren. Ab dem Beginn des 16. Jh. dominierte dann **Katmandu**, das von beiden nebeneinander agierenden Bevölkerungsgruppen und Religionen bestimmt wurde. Eine radikale Änderung brachte die Eroberung aller drei Reiche durch den Gurkha-Stamm. ***Shāh Prthivī Nārāyan*** (1768–1775) begründete die bis heute regierende Dynastie der Shāh und das Nepal der Gurkhas, in dem der Hinduismus stärker als der Buddhismus den Ton angibt. Insgesamt bietet aber sowohl die ethnische Zusammensetzung als die konfessionelle Orientierung der Bevölkerung ein eher verwirrendes Bild.

Älteste Zeugnisse für den Buddhismus in Nepal bieten zwei in Nepal erlassene Edikte des Kaisers Ashoka, vier nach dem Kaiser genannte Stupas in Patan und die bis heute lebendige Legende, dass Ashoka seine Tochter *Cārumatī* mit einem nepalesischen Adeligen verheiratet habe. Nach der Machtübernahme des Islam in Indien hörte der Zustrom allerdings völlig auf, so dass der nepalesische Buddhismus mehr als 400 Jahre lang keine neuen Impulse mehr erhielt, während der Hinduismus die starken Impulse des Neohinduismus mit vollzog. Die Hauptmerkmale des Buddhismus in Nepal sind eine starke

Vermischung mit hinduistischen Elementen (vor allem tantrische und shivaitische) und eine starke Laisierung. Wobei die verheirateten Mönche sich weitgehend aus der Sangha-Doktrin gelöst haben und dafür das Kastenwesen adaptiert haben.

Es gibt zwei große Priesterklassen der Abkömmlinge der verheirateten buddhistischen Mönche: die **Vajracāryas** (= Diamant-Meister) und die **Bhiksus** (= niederen Mönche). Erstere sind Spezialisten auf dem Gebiet der Mantras, magischen Sprüche *(dhāranī)*, der tantrischen Caryā-Gesänge und esoterischer Riten und Kenner und Verwalter buddhistischen Wissens – letztere verwalten die Lebensriten, die nach hinduistischem Vorbild *(samskāra)* das Leben der Gläubigen begleiten: vom Durchtrennen der Nabelschnur, der rituellen Reinigung nach der Geburt und der Namengebung bzw. Durchbohrung des Ohrs bis zur Tonsur der Knaben im 3., 5. und 7. Lebensjahr (verbunden mit einem jeweils vier Tage dauernden Aufenthalt in einem Kloster in voller traditioneller Adjustierung mit Mönchsrobe und Almosenschale) bis zur Entscheidung für den Kloster- oder Laienstand. Die Schulung als *Diamant-Meister* bedeutet hingegen die Einführung in die Mysterien des Vajrayāna mit der abschließenden *Abhiseka* (= Weihe).

Fromme Buddhisten besuchen die täglichen Textrezitationen, Andachten und Opfer, nehmen an den monatlichen und jährlichen Festriten teil und verehren mit besonderen Riten (Prozessionen, Wallfahrten, Waschungen usw.) den Bodhisattva Amoghapāsha-Lokeshvara und die Göttin Vasumdharā. Auch der Kult des Roten Gott-Heiligen Matsyendranātha von Patan und des Weißen von Katmandu – besondere Heilbringer für Nepal – ist sehr lebendig. Vor allem das jährliche, mehrere Wochen dauernde Wagenfest des Roten Heilbringers, bei dem die Statue der heilverheißenden regenspendenden Gottheit von einer großen Menschenmenge ausgeführt wird, ist im Volk sehr beliebt. Dabei wird deutlich, dass die Grenzen zwischen Buddhismus und Hinduismus fließend sind.

Der Buddhismus in Hinterindien und Indonesien

Einen insgesamt noch viel größeren Erfolg als in Sri Lanka (Ceylon) hatte die theravādisch-buddhistische Mission aber in **Hinterindien**. Deshalb werden Birma, Thailand, Laos und

Kambodscha zusammen mit Sri Lanka auch gerne die »fünf Länder des Theravāda« genannt.

Birma

Am frühesten unter allen Ländern Hinterindiens wurde wahrscheinlich Birma vom Buddhismus berührt. Lange bevor aber die eigentlichen **Birmanen** im 9. Jh. n. Chr. von Norden her – aus dem Bereich östlich von Tibet – in die Irrawadi-Ebene einwanderten, waren bereits Teile der hier ansässigen älteren **Mon**-Bevölkerung, eines der großen Kulturvölker Südostasiens, das weite Gebiete des heutigen Niederbirma sowie Zentral- und Nordthailands besiedelt hatte, Anhänger des Theravāda-Buddhismus geworden. Auf dem Land- und auf dem Seeweg stellten indische Kaufleute schon in alten Zeiten nicht nur wirtschaftliche und kulturelle, sondern auch religiöse Kontakte her. Es waren vor allem bestimmte Gewürze, wie z. B. Zimt, und Naturprodukte aus Südostasien, die im römischen Weltreich sehr gefragt waren und mit denen man gute Geschäfte machen konnte. Man bediente sich der regelmäßigen Monsunwinde, um sich mit neuen Gütern zu versorgen, und legte zu diesem Zweck Handelsniederlassungen in Indien an, die zu wichtigen Kontaktzentren auch auf religiösem Gebiete wurden.

Leider wissen wir aus ihrer Vorgeschichte und frühen Geschichte nur sehr wenig. Die älteste Mon-Inschrift stammt nämlich erst aus der Zeit um 600 n. Chr. Sie wurde beim Stupa von Nakorn Pathom, 60 km westlich von Bangkok, gefunden, der am Beginn des Mon-Königreiches *Dvāravāti* im heutigen Zentralthailand gebaut wurde. Vom alten *Thaton oder Sudhammavatī* in Niederbirma, das die Mon wahrscheinlich ab dem 5. Jh. bewohnten, ist dagegen nichts Nennenswertes erhalten geblieben; es wurden freilich bisher noch keine systematischen Ausgrabungen vorgenommen.

Auf dem Territorium des heutigen **Birma** gab es neben den **Mon,** die sprachlich mit den Khmer und Kambodschanern verwandt sind und im Laufe der Jahrhunderte von den Birmanen und den Thai-Völkern zurückgedrängt wurden, die **Tibeto-Birmanen**, die im 3. Jh. n. Chr. in Zentralbirma das *Pyu-Reich* und bald darauf im westlich von Rangun gelegenen

Küstenbereich das Königreich von *Arakan* gründeten und zunächst unter dem Einfluss der nordindischen Kultur (Vishnu-Kult) standen, später das Mahāyāna und den Tantrischen Buddhismus angenommen haben und sich dann auch – wie Funde beweisen – mit Texten der hīnayānischen Sarvāstivādin beschäftigten.

Das Pyu-Reich wurde im Jahre 832 von den Herrschern des nördlich davon gelegenen ebenfalls tibeto-birmanischen Nan-Chao Reichs erobert, und die eigentlichen Birmanen (die sich selbst *Myamma* nannten) drangen kurz darauf in die Irrawadi-Ebene ein und gründeten die Stadt **Pagan**. Sie brachten ihre animistische Stammesreligion mit, verehrten ihre *Nats* (= Gottheiten) auf dem 50 km nördlich von Pagan liegenden »Goldenen Berg«, übernahmen dann aber von den Pyu – die immer Kontakte nach China pflegten – den tantrischen Buddhismus.

In Birma gibt es – wie in Sri Lanka – die religiöse Tradition, dass der Buddha zu seinen Lebzeiten das Land besucht haben soll und dass Ashoka (d. h. schon in der Mitte des 3. Jh. v. Chr.) die beiden Mönche *Sona* und *Uttara* ins »Goldland« (= *Suvannabhūmi* im Irrawadi-Delta) geschickt habe, um dort den Buddhismus zu verbreiten. Da sich im Mon-Land aber auch bereits hinduistische Kulte ausgebreitet hatten, setzte sich der Buddhismus wohl erst einige Jahrhunderte später durch. Es dürfte so gewesen sein, dass sich das Volk eher dem Buddhismus zuwandte, die von Brahmanen beratenen Könige mit ihrem Hof sich aber dem Hinduismus verschrieben hatten – wie königliche Tempel aus relativ früher Zeit beweisen.

Ein buddhistischer Weihesaal in Pagan, der auf das Jahr 1.000 datiert wird, beweist, dass die Birmanen damals bereits Buddhisten waren. Der Mönch *Shin Arahan* soll dann auch König ***Anurrudha*** (1044–1077) bekehrt haben und gilt als Stifter des Theravāda-Bekenntnisses der Birmesen. Anurrudha hat dann das Mōn-Reich *Thaton* in Niederbirma erobert und 30.000 Mönche, eine komplette Abschrift des Pali-Kanons und zahlreiche Künstler und Handwerker nach Pagan gebracht. Die Stadt am Irrawadi wird als Hauptstadt des vereinigten Königreiches Birma in relativ kurzer Zeit zu der in der ganzen damaligen Welt berühmten **Stadt der vier Millionen Pagoden**.

Heiliger Bezirk von Pagan/Birma; links der Ananda-, rechts der That-Byin-Nyu-Tempel. Sie enthalten einheimische (Nat) und buddhistische Gottheiten.

Als 1287 die Mongolen unter Kublai Khan die Stadt Pagan belagerten, gab es jedenfalls in der sich über eine Fläche von annähernd 300 qkm erstreckenden Metropole mehr als 5.000 Pagoden, Stupas und Klöster – konzentriert auf ein bestimmtes Areal, das als Stadt in der Stadt anzusehen ist. Hier dominierten die Steinbauten, während die Wohnhäuser gewöhnlich aus Holz und Stroh gebaut wurden. Manche Paläste und Klöster bestanden freilich auch aus Backsteinen und waren mit Ziegeln gedeckt.

Die birmesischen Stupas waren meist geschlossene Baukörper ohne Innenräume – maximal ein Reliquiar. Sie dienten als Gedenkstätte und wurden von Prozessionen umschritten. Die Stupas aus dem 13. Jh. sind alle kreisrund, stehen teilweise auf Terrassen, haben Glockenform und einen spitzen Turm. Die Tempel hingegen haben entweder einen Innenraum, in dem eine Buddhastatue zur Anbetung einlädt oder einen festen Kern, um den ein gewölbter Wandelgang läuft. In Nischen des Kerns sind Statuen aufgestellt und über dem Kern erhebt sich ein oft riesiger Spitzturm. Sie stellen eher künstliche Berge als Gebäude dar.

Die Mongolen erstürmten damals nach kurzer Belagerung die nicht auf einen Krieg vorbereitete und schwer zu verteidigende heilige Stadt und legten sie – bis auf viele Steinbauten – in Schutt und Asche. Von diesem Schlag hat sie sich nicht mehr erholt. Sie wurde verlassen, und die politische und religiöse Macht ging auf andere Zentren (Pegu, Mingun, Mandalay und Rangun) über.

Die Birmesen blieben aber auch in den folgenden Jahrhunderten dem Theravāda-Buddhismus treu und erlangten sogar eine gewisse Dominanz im »Weltbuddhismus«.

Dies äußerte sich z. B. darin, dass der buddhistische »Friedenskönig« ***Mindon*** (1853–1878) im Jahre 1871 ein **Fünftes Buddhistisches Konzil** zum Zweck der längst fälligen Revision der heiligen Texte in die von ihm gegründete neue Hauptstadt **Mandalay** einberief. Die von der Versammlung durchgesehenen und kanonisierten Texte ließ der König auf 729 Marmortafeln eingravieren und in der Kuthodaw-Pagode in Mandalay aufstellen.

Nach der Eroberung durch die Engländer (1885) und rund um die Unabhängigkeitserklärung von 1948 gab es beträchtliche innenpolitische Kämpfe, in denen die Mönche eine erhebliche Rolle spielten und die Präsenz und kreative Lebendigkeit des Buddhismus auch in der modernen Zeit unter Beweis stellten. Interessant ist das Experiment eines buddhistisch-marxistischen Synkretismus *(U Ba Swe)*, das in Birma auf der Basis der doppelten Wahrheit versucht wurde: der Marxismus bringt die niedere ökonomische und der Buddhismus die höhere überweltliche Wahrheit ein, so dass sie koexistieren können.

Zu einem großen, in der ganzen Welt wahrgenommenen Zeichen der Lebendigkeit des birmesischen Buddhismus (man schätzt, dass derzeit ca. 120.000 Mönche die birmesische Sangha bilden) wurde dann das **Sechste Buddhistische Konzil**, das von 1954–1956 aus Anlass »2.500 Jahre Paranirvana des Buddha« in einer künstlich geschaffenen Höhle *(Mahāpāsānaguhā)* neben der Weltfriedenspagode bei Rangun abgehalten wurde. Mönche aus allen Theravāda-Klöstern der Welt versammelten sich hier zu einer weiteren gründlichen Revision der heiligen Texte.

Trotzdem ist man in Birma nicht fanatisch, sondern auch offen für die vorbuddhistischen traditionellen Nat-Kulte (*Nat* = Volksgötter) oder z. B. für die sehr aktiven *Gaing* (= Buddha Maitreya erwartende Kultgemeinschaften) und sieht keinen Widerspruch zwischen ihnen und dem orthodoxen Theravāda.

Thailand

Seit dem 7. Jh. n. Chr. war das Gebiet des ehemaligen **Siam** und heutigen **Thailand** Territorium des buddhistischen *Dvāravāti*-Reichs der *Mōn*, denen wir schon in der Geschichte Birmas begegnet sind und die dann vom 11. bis zum 13. Jh. unter der Herrschaft der kambodschanischen *Khmer* lebten, ehe sie im Jahre 1260 von dem aus Süd-China stammenden Bergvolk der **Thai** vertrieben wurden, die dann auch das Reich der Khmer eroberten und zur dominierenden Macht im südöstlichenTeil Hinterindiens wurden.

Durch königliche Verfügung des in der Hauptstadt **Sukhotai** residierenden ***Rāma Khamheng*** (1275–1317), der mit großem Weitblick und mit Energie einen gut funktionierenden Staat organisierte, wurde der Theravāda-Buddhismus zur Staatsreligion erklärt. Mönche aus Ceylon wurden eingeladen, Thailand nach singhalesischem Muster zu bekehren und zu organisieren. Ein eigenes Alphabet wurde geschaffen, um den weit verbreiteten Analphabetismus zu beenden, und das Volk der Thai nahm von da an nicht nur politisch und kulturell, sondern auch religiös einen großen Aufschwung.

Nach dem Fall der großen Khmer-Metropole **Angkor** wurde im Jahre 1347 **Ayuthia** zur neuen Residenz erklärt und entwickelte sich schnell zur dominierenden Stadt in Indochina. Unter diesen guten Voraussetzungen konnte sich auch der Buddhismus als große stilprägende Kraft noch einmal entscheidend auswirken, wobei die figuralen Darstellungen und die Architektur aber weder in Sukothai noch in Ayuthia an die großartigen Bauwerke und Bildwerke der Khmer heranreichen (s. unten unter *Kambodscha*).

Auch die zahlreich entstandenen buddhistischen Klöster spielten bei der Dominanz der Thais seit dem 14. Jh. eine wichtige Rolle. Sie entwickelten eine sehr erfolgreiche Mission, und der Theravāda wird zur verbindenden Klammer, welche die verschiedenen im Machtbereich Ayuthias lebenden Völker mehrere Jahrhunderte lang zu einigen vermochte. Nach der überraschenden Belagerung, Einnahme und Zerstörung der Stadt im Jahr 1767 durch ein birmesisches Heer – der militärische Erfolg wurde politisch aber nicht umgesetzt – verlegten die Thai-Könige ihre Residenz nach **Bangkok.**

Beim Bau der neuen Hauptstadt verzichtete man auf die Steinbauweise und entwickelte einen eigenen Stil, der viele chinesische Elemente enthält, mit lackierten Ziegeln und aufgebogenen Dachenden arbeitet, aber insgesamt zwar Gefälliges, doch nicht mehr Außergewöhnliches oder gar Monumentales zu bilden vermochte. König ***Rāma IV. Mongkut*** (1851–1868), der 27 Jahre als Mönch gelebt hatte, ehe er den Pfauenthron bestieg, wird der große neuzeitliche Reformer. Zu erwähnen ist noch, dass Thailand als einziges Land in Hinterindien von der Kolonialisierung verschont geblieben war.

Kambodscha

Auf dem Territorium des heutigen Kambodscha entfaltete sich die bedeutendste der indisch – und chinesisch – beeinflussten Kulturen in Hinterindien, die der **Khmer.** Der Norden von Vietnam mit dem Zentrum Hanoi war bereits im Jahre 111 v. Chr. dem damaligen Han-Reich einverleibt worden und blieb mehr als tausend Jahre unter chinesischer Herrschaft. Nach dem Zusammenbruch der Han-Dynastie im 3. Jh. n. Chr. waren aber die chinesischen Gouverneure weitgehend unabhängig, obwohl das Land de facto die südlichste Provinz Chinas bildete. Ab der Höhe des heutigen Danang verlief die Grenze zu den beiden Königreichen **Funan** (im Mekong-Delta und heutigen Kambodscha) und **Champa** (im Südosten Indochinas). Beide wurden stärker von der indischen als von der chinesischen Kultur beeinflusst.

Im 3. Jh. n. Chr. entstand in dieser Region eine interessante, erhalten gebliebene polemische Schrift, die den offensichtlich bereits vorhandenen Buddhismus gegen Angriffe der bodenständigen Religionen und vor allem des Konfuzianismus verteidigt; sie ist unter dem Namen »Meister Mou« bekannt. Das Fundament des Wohlstands von Funan war der von China abgeschaute fortschrittliche Reisanbau, der dem Reich die Mittel verschaffte, seinen Einfluss vom Bassang (= westlicher Mündungsarm des Mekong) bis zum Golf von Siam, ja bis nach Malaysia auszudehnen.

Im 6. Jh. zerbrach das Reich und wurde vom ersten Reich der *Khmer* (oder *Kambodscha*) abgelöst, das **Tschen-la** genannt wurde. Die erste Hauptstadt war **Sambor Prei Kuk** (616), wo bereits die Ansätze der späteren Hochkultur erkennbar wurden. Die kulturelle Entwicklung in Champa verlief ähnlich. Beide Reiche waren aber politisch wie kulturell von der **Sailandra**-Dynastie in Java dominiert, die damals das gesamte Chinesische Meer dominierte. Erst im 9. Jh. konnten sich die Khmer von der javanischen Oberherrschaft befreien.

In der Naturreligion der Khmer spielten das Wasser und die in ihm hausenden Schlangen- und Drachen-Götter (*Naga*) eine große Rolle. Sie bekamen es vom Mekong (überreichlich zur Zeit der Schneeschmelze im Himalaja, dessen östlichen Teil der Mekong entwässert) und durch den regelmäßigen Monsunregen, und es war die Voraussetzung ihrer wirtschaftlichen Stärke.

Religiös dominierten in der ersten Zeit der Hinduismus bzw. der Mahāyāna-Buddhismus javanischer Prägung. Die ersten Tempelberge in Roluos (*Preah Kō*) und Hariharalaya (*Bakong*) zeigen deutlich die Wirksamkeit des Weltbildes, das die Khmer mit den Herrschern in Java (*Borobudur*) gemeinsam hatten. Es ist ein Abbild der Weltordnung: Die großen rechteckigen Terrassen, stufenartig übereinander gesetzt, symbolisieren die Dimensionen der Lebenswelt der Menschen.

Die riesigen Wassergräben, die den Urozean darstellen und diese Lebenswelt abgrenzen, zeigen die Bedeutung, die man dem Wasser beimaß. In ihm spiegeln sich die Aufbauten des Tempelbergs (der den heiligen Urberg Meru der Inder abbildet) und von Heiligtümern *(prasats)* gekrönt wird, in denen die Götter (deren Persönlichkeit in den Hintergrund tritt) sowie der Buddha und seine Bodhisattvas gemeinsam wohnen. Die axialen Stufen, die von der Spitze des Tempelbergs bis zur Basis reichen, münden in Straßen, die den Wassergraben überbrücken und in alle vier Himmelsrichtungen führen.

Mehrere Jahrhunderte hindurch blieb dieses Konzept gleich. Und durch den Brauch, dass jeder Herrscher einen neuen Anfang setzte und daher auch einen neuen Tempelberg errichtete, der in Stein ausgeführt wurde, blieben zahlreiche

Angkor Vat/Kambodscha. Zentrum der riesigen buddhistischen Tempelanlage aus der Khmer-Zeit (12. Jh.); Kupferstich von 1868.

imposante Bauwerke erhalten. Den Höhepunkt stellt die Tempelanlage von **Angkor Vat** dar, die in der ersten Hälfte des 12. Jh. von ***Suryavarman II.*** (1113–1150) erbaut worden ist. Wie im birmanischen Pagan bildet dieses Heiligtum eine Stadt in der Stadt. Und es ist interessant zu bedenken, dass dieses großartigste Bauwerk Indochinas etwa zur selben Zeit erbaut wurde wie die große Kathedrale von Chartres.

Nach diesem Höhepunkt kam ein tiefer Absturz, als die Cham im Jahre 1177 die Stadt Angkor überfielen und in ihre Gewalt brachten. Nach einer kurzen Renaissance unter Jayavarman VII. (1181–1219) – mit der Errichtung der neuen Hauptstadt **Angkor Thom** und dem **Tempelberg Bayom** mit seinen 54 Türmen, die jeweils 4 Gesichter des Buddha-Königs tragen (der daher mit 216 Gesichtern buchstäblich in alle Richtungen schaut) – übernahmen die Thai die Herrschaft. Unter den Nachfahren der Khmer, den *Kambodschanern*, begann im 14. Jh. die **Dominanz des Theravāda-Buddhismus,** der eine deutlich nüchternere Gläubigkeit entfaltete.

Unter den kommunistischen *Roten Khmer*, die 1975 die Macht in Kambodscha übernahmen, wurde der bis dahin blühende Buddhismus völlig an den Rand gedrängt.

Laos

Hier reichen die frühesten Spuren des Buddhismus ins 12. Jh. zurück, als das Volk der **Chams** dort eine beachtliche Kultur aufgebaut hatte. Staatsreligion wurde der Theravāda 1350 durch König ***Fa Ngum***, der am Hof von Angkor (Kambodscha) aufgewachsen war. Als die *Annamiten* in Laos mächtig wurden, bedeutete das nicht den Niedergang des Buddhismus, sondern nur den Austausch der indischen durch chinesische Ausdrucksformen. Als 1975 die Kommunisten in Laos die Macht übernahmen, verlor der Sangha zwar seinen Einfluss, ein Teil der Klöster durfte aber bestehen bleiben, so dass der Buddhismus in Laos bis heute ungebrochen ist.

Indonesien

Zeitweise waren auch große Teile der Indischen Inselwelt (vor allem **Java** und **Sumatra**) vom Buddhismus dominiert – allerdings in der Form des Mahāyāna und Vajrayāna. Die im 9. Jh. errichtete phänomenale Stupa-Anlage in **Borobudur** auf Java »ist ein gewaltiges Denkmal der Macht, die der Buddhismus auch in der südasiatischen Welt – Seite an Seite mit dem Brahmanismus – ausübte.« (Glasenapp)

Dem Grundkonzept dieses Heiligtums zufolge handelt es sich dabei um ein riesiges, dreidimensionales, steinernes Mandala, das die Weltordnung abbildet. Der zentrale Stupa, mit dem das Bauwerk eine Höhe von 45 Meter erreicht, steht auf der obersten von drei kreisförmigen Ebenen und enthält eine große Statue des meditierenden Buddha. Die drei Kreisebenen sind jeweils mit kleinen, durchbrochenen Stupas (insgesamt

72) versehen, welche die transzendente Wirklichkeit, die durch Versenkung zugänglich wird, abbilden. Diese drei Ebenen ruhen auf vier rechteckigen Terrassen, welche die Welt der Formen symbolisieren und mit insgesamt 360 Prasaps (= kleine Buddha-Gedenkstätten) und mehr als tausend Flachreliefs versehen sind, welche die Befreiung durch den Weg des Buddha auf allen Seinsstufen ins Bewusstsein heben sollen. All das ruht auf einer neunten Ebene, welche die höllische Unterwelt und die niederen Welten der Dämonen darstellt. Die früher auch dort vorhandenen Reliefs sind bei einem Umbau zur Verstärkung der Fundamente übermauert worden. Die Seitenlänge der untersten, quadratisch gehaltenen Ebene beträgt 123 Meter.

Der Borobudur diente als Meditationsvorlage und wurde sozusagen peripatetisch – durch Prozessionen auf allen Ebenen – benützt. Diese Anlage wurde aber bereits um 930 aufgegeben, offensichtlich weil das Interesse am Buddhismus abflaute und das Zentrum der Macht sich in den Osten der Insel verlagerte

Das eindrucksvollste buddhistische Monument ist der Borobodur in Java (9. Jh.), dieser Tempelberg symbolisiert die 9 Dimensionen des Weltalls.

Der Buddhismus Indonesiens wurde zwischen dem 15. und 17. Jh. durch den Islam fast völlig verdrängt. Erst im letzen Drittel des 20. Jh. gab es eine starke buddhistischer Erneuerungsbewegung, geführt von **Jinarakhita Thera**. Nach dem Buddhistischen Konzil in Rangun kam es 1970 zur Gründung eines selbstständigen Sangha in Bangkok mit dem Auftrag, den Theravada mit altjavanischen Traditionen vom Ur-Buddha als **Buddhayāna** wiederzubeleben. Dies versucht auch die Bewegung **Kasogatan,** ausgehend vom vorislamischen Mahāyāna-Buddhismus, der in Borobudur vielleicht seinen stärksten Ausdruck gefunden hat.

Buddhismus in Korea

Koreas Geschichte ist seit dem Jahr 108 v. Chr., als der Han-Kaiser Wu-ti die Halbinsel eroberte und in vier Provinzen teilte, eng mit der Geschichte Chinas verknüpft, wenngleich das religiöse Bekenntnis der Koreaner doch eine gewisse Eigenständigkeit erkennen lässt. Vgl. dazu in der Serie GRUNDWISSEN RELIGION das Buch DER GLAUBE DER CHINESEN UND JAPANER.

Ab dem 4. Jh. n. Chr. ist in den drei mittlerweile wieder selbständig gewordenen koreanischen Reichen Koguryo (im Norden), Paekche (im Südwesten) und Silla (im Südosten) das Wirken buddhistischer Mönche nachgewiesen. Im Jahr 668 kam es dann zur Vereinigung der drei Länder zum **Großreich Silla.**

In diesem neuen Staat dominierte der Konfuzianismus die Verwaltung und die bürgerliche Moral, der Mahāyāna-Buddhismus dagegen war die Religion des Volkes. Er hatte für Korea nicht nur die Bedeutung einer hochstehenden Religion, die ihnen half, sich über die bisherige »Naturkraftverehrung« zu erheben, sondern wirkte sich auch in hohem Ausmaß als Zivilisationskraft aus.

Die bereits sehr gereifte chinesische Kultur, die damals schon auf eine mehr als zweitausendjährige Geschichte zurückblicken konnte, traf ja in Korea auf eine noch ziemlich unentwickelte Stammesgesellschaft. Die Menschen in Korea, die sich dem Buddhismus anschlossen, bekamen nicht nur eine sehr vielseitige Religion, die den einzelnen Menschen als

Person ungeheuer ernst nimmt und viel Wert auf seine Eigeninitiative legt, sondern sie erlebten zugleich auch, dass die Natur, die für die Koreaner als von Gottheiten aller Art durchwirkt schien und den Zugang zu den geistigen Realitäten verstellte, entzaubert wurde.

552 war es dann der König von Paekche, der den Buddhismus in das südliche Nachbarland Japan weiterreichte. Im Großreich Silla erlebte dann (ab 668 n. Chr.) der **koreanische Buddhismus** seine erste Blütezeit, wovon herrliche Tempelbauten und Buddhastatuen (z. B. der Buddha-Maitreya) in der damaligen Hauptstadt **Kyong-tju** (in der Nähe des heutigen Pusan) Zeugnis ablegen.

Nach dem Sturz des letzten Silla-Großkönigs durch die Erhebung des **Oang Kon** im Jahr 919 ging die Macht im Staat auf die **Korye-Dynastie** über. Dass der heute geläufige Name Koreas sich von dieser Dynastie ableitet, zeigt, wie wichtig diese Epoche für die Koreaner war. 935 wurde die Hauptstadt von Kyong-tju in das Zentrum Koreas, nach **Syongto** verlegt, und **der Buddhismus** hatte nun geradezu **eine Monopolstellung** inne. In Ermangelung großer Persönlichkeiten und kreativer Kräfte verflachte er aber in den folgenden zweihundert Jahren zusehends und wurde schließlich im 14. Jh. von der **Songkye-Dynastie**, die sich dem **Neokonfuzianismus** verschrieb, an den Rand gedrängt und erbittert bekämpft.

General *I-Songkye*, der Begründer dieser neuen Dynastie, machte **Hanyang-Seoul** zur neuen Hauptstadt und stützte sich beim Aufbau seiner neuen Administration auf die dem Buddhismus feindlich gegenüberstehenden Beamten, Militärs und Literaten des Landes. Außerdem stand er in engem Kontakt mit der von Kubilai-Khan im Jahre 1280 installierten *Yüan-Dynastie*, deren Zentrum das relativ nahe gelegene **Peking** war. So entstand bald ein reger kultureller Austausch mit China, der entscheidend zur Übernahme des Neokonfuzianismus als neuer Staatsdoktrin und diesseitsbezogener Spiritualität beitrug.

Doch im 16. Jh. verflachte in Ermangelung geistig führender Persönlichkeiten und durch den negativen Einfluss der Yangpan-Klasse (die Beamten- und Gelehrten-Clique, die alle wichtigen Positionen unter sich aufteilte, den hohen ethischen

Anspruch des Neokonfuzianismus jedoch verloren hatte und eine ausgesprochen destruktive Rolle spielte) auch der Neokonfuzianismus sehr rasch, und Korea erlebte in der Folge einen ähnlichen Stillstand der politischen, kulturellen und religiösen Entwicklung wie Japan während der Shôgun-Zeit.

Diese Beamten-Clique bekämpfte auch das gegen Ende des 18. Jh. von Peking aus nach Korea kommende **Christentum** und ging rigoros gegen seine Anhänger vor; 1839 und 1866 kamen Zehntausende koreanische Christen in den Gefängnissen um oder – wenn sie sich der Gefangennahme durch Flucht entzogen hatten – starben an den Entbehrungen in den Bergen, wo sie Zuflucht zu finden meinten. Trotzdem setzten damals viele ihre einzige Hoffnung auf das Christentum, da ja sowohl der Buddhismus als auch der Neokonfuzianismus gescheitert waren.

Auch die im 19. und 20. Jh. in Korea entstandenen Sekten wie **Tonghak** (= Östliche Lehre) – eine **neue, synkretistische Religion**, welche Elemente der traditionellen Religionen Buddhismus und Christentum, aber auch der einheimischen Religion **Synkyo** (= Religion ohne Namen) mischte – konnte dieses Vakuum nicht nützen. Als sich die Östliche Lehre *(Tonghak)* im Jahre 1919 nämlich plötzlich in die Lehre vom Himmlischen Tau (*Tschon-to-kyo*) umbenannte und offen gegen die japanische Herrschaft agitierte, zogen sich viele der in ihren religiösen Ansprüchen getäuschten Anhänger frustriert zurück.

Die 1948 erfolgte Teilung des Landes in das kommunistische Nordkorea und das von den USA unterstützte Südkorea und vor allem der schreckliche Korea-Krieg (1950–1953) hinterließen bis heute eine große spirituelle Unsicherheit, die noch am ehesten vom Christentum – nicht aber vom traditionellen Buddhismus – behoben wird.

Der chinesische Buddhismus

Da sich die Aussendung von Glaubensboten durch Kaisers Ashoka nach China historisch nicht verifizieren ließ, ist das Jahr 61 n. Chr. das älteste Datum für die Ankunft des Buddhismus in China. Chinesischen Legenden zufolge hatte Kaiser ***Ming-Ti*** (58–75 n. Chr.) – geleitet durch einen Traum, in dem ihm ein goldener Mann erschienen war, den seine Berater als den Buddha identifiziert hatten –, eine Gesandtschaft nach Indien geschickt, die nach mehreren Jahren mit einem indischen Lehrmeister, einem weißen Pferd und dem Text des *Sūtra in 42 Abschnitten* zurückkehrte und dem Kaiser berichtete. Daraufhin gründete er in der Nähe seiner Hauptstadt Lo-yang das **Kloster vom Weißen Pferd**.

Diese Legende wird durch ein historisches Dokument bestätigt, dass im Jahre 65 ein kaiserlicher Prinz für fromme Laien und buddhistische Mönche ein Festmahl gegeben habe. Das setzt voraus, dass in der Mitte des 1. Jh. n. Chr. in China bereits eine buddhistische Sangha existiert hat. Der Kontakt dürfte aber nicht mit Indien, sondern mit dem damals bereits vom Buddhismus missionierten zentralasiatischen Kusana-Reich über die uralte Seidenstraße bestanden haben, die den von König ***Yong Zheng Ch'in*** begründeten ersten chinesischen Einheitsstaat mit den zentralasiatischen Staaten verband. Der Anfang der Geschichte des chinesischen Buddhismus fällt also in die Mitte der ruhmreichen 400-jährigen Han-Dynastie (206 v. Chr. bis 220 n. Chr.), die auf der soliden Basis der von Konfuzius (551–479 v. Chr.) entwickelten ethischen Rahmenordnung ein prosperierendes Staatswesen ermöglichte.

Die historischen Quellen der späten Han-Zeit enthalten ansonsten nur einige spärliche Hinweise auf den Buddhismus: »Sie deuten auf eine sehr enge Verbindung zwischen dem Kult des Buddha als eines göttlichen Wesens und dem religiösen Taoismus hin, … von dessen Künsten man annahm, sie würden zur Unsterblichkeit des Körpers führen, sowie dem Kult gewisser taoistischer Gottheiten, die solche Unsterblichkeit erreicht hatten und von denen man glaubte, dass sie jetzt von paradiesischen Gegenden aus die Geschicke der Gläubigen lenkten.« (Erik Zürcher) Belegt wird dies z. B. durch einen archäologischen Fund, nämlich ein Han-Relief, das den Buddha, umgeben von kosmologischen Symbolen, zusammen mit taoistischen Göttern und anderer übernatürlicher Wesen aus der chinesischen Mythologie zeigt.

Daraus kann man einerseits auf den Mahāyāna-Zweig des in China wirksamen Buddhismus, andererseits auf den Rechtstitel schließen, unter dem die fremde Religion in China toleriert wurde, nämlich als ausländischer Zweig des Taoismus. (E. Zürcher) Später wurden die beiden Religionen freilich Rivalen, und dieser Streit wurde erst nach mehr als einem Jahrtausend zugunsten des Buddhismus entschieden.

Die erste buddhistische Gemeinde in China kann bis ins Jahr 148 n. Chr. zurückverfolgt werden: Der parthische Missionar ***An Shih-kao*** war einer jener ausländischen Gelehrten, die in **Lo-Yang** an der Übersetzung buddhistischer Texte arbeiteten und dabei ein »Team« bildeten, da es kaum Chinesen gab, die Sanskrit oder Prakrit beherrschten. Im Zuge dieser viele Jahrhunderte währenden systematischen Übersetzertätigkeit, bei der man Tausende buddhistische Lehrtexte und Kommentare in ein vereinfachtes, literarisches Chinesisch übertrug und diese Texte im Land verbreiten wollte, wurde hier mehr als 1.000 Jahre vor Gutenberg die Buchdruckerkunst erfunden. Über die Organisation und soziale Zusammensetzung der ersten buddhistischen Gemeinden in Nordchina ist dagegen nur wenig bekannt, sie dürften aber zum allergrößten Teil aus Laien bestanden haben. Sie wurden ständig durch neue Anregungen aus Zentralasien gefördert. Um 260 gab es auch eine erste Pilgerfahrt zu den Quellen des Buddhismus, welche ***Chu Shih-hsing*** nach Khotan im Karakorum unternahm. Er war der Vorläufer für ***Fa-hsien*** im 5. Jh. und für ***Hsüan-tsang*** im 7. Jh.

Rückkehr der vom Han-Kaiser Ming-Ti 61 n. Chr. nach Indien gesandten Boten, die den Buddhismus nach China brachten. Volkstümliche Darstellung 19. Jh.

Die prägende Gestalt im 3. Jh. war der aus Tun-huang in Chinesisch Turkestan stammende indo-skythische Übersetzer und Missionar ***Dharmaraksa***. Unter den rund 150 Mahāyāna-Texten, die er übersetzte, war auch die erste vollständige Übersetzung der »Lehrschrift des Lotus der wahren Lehre« *(Saddharmapundarīkasutra)*, die das *eine* Buddha-Fahrzeug propagierte, das *allen* Gläubigen den Weg zur Buddhaschaft eröffnet; sein Reichtum an Bildern und Gleichnissen machte sie zur volkstümlichsten und am meisten verbreiteten Schrift des chinesischen Buddhismus – besonders als sie im 6. Jh. von der **T'ien-t'ai-Sekte** als die höchste Erfüllung des Gesetzes angesehen wurde.

Erst im 4. Jh. – bedingt durch den Zusammenbruch der Han-Dynastie und die Herrschaft nicht-chinesischer Dynastien über Nordchina – begann der Buddhismus in der gebildeten Oberschicht Fuß zu fassen und dehnte sich in andere Landesteile, z. B. an den unteren Yangtse und in das östliche China aus. Der produktivste Übersetzer in Südchina war ***Chih Ch'ein***, ein chinesischer Laie indo-skythischer Abstammung, der ein sehr geschliffenes Chinesisch schrieb. Zwei seiner Schriften wurden für den chinesischen Buddhismus außerordentlich wichtig, nämlich die grundlegende Lehrschrift über den **Amithaba-Kult** (den mitleidvollen Bodhisattva des westlichen Paradieses, in der chinesischen Erbauungsliteratur später das Reine Land genannt) und die »Lehrschrift von der Erläuterung des **Vimalakīrti**« (die besonders von den gebildeten Chinesen geschätzt wurde, weil die Hauptperson ein reicher gebildeter Laie ist, der in Streitgesprächen über die Metaphysik alle Experten besiegt).

In dieser Zeit nahm auch das buddhistische Klosterleben einen großen Aufschwung, und das Auftreten gebildeter und angesehener chinesischer Mönche, teilweise aus prominenten Familien, führte zu einer sehr positiven Entwicklung, in deren Verlauf die Klöster zu Zentren der Bildung und Gelehrsamkeit wurden. Um 400 gab es im Süden bereits 1.700 Klös-ter und 80.000 Mönche und Nonnen, und die Entwicklung nahm unter dem fanatisch buddhistisch agierenden Kaiser ***Wu*** (502–549), der den Taoismus verbot und den Buddhismus einseitig protegierte, einen geradezu stürmischen Verlauf.

Unter den nördlichen Dynastien wurden die Buddhisten als Gegengewicht gegen die bodenständigen chinesischen Einflüsse ebenfalls unterstützt, und der Buddhismus entwickelte sich neben dem Konfuzianismus und Taoismus zur dritten geistigen Kraft. Eine große Rolle spielte dabei der Übersetzer ***Kumāradschīva***, der die Madhyamaka-Philosophie (den Mittleren Weg) in China einführte und mit Hilfe des größten staatlich geförderten Übersetzerteams, das es je in China gab, zahlreiche buddhistische Texte zugänglich machte. Unter der proto-mongolischen Toba-Wei-Dynastie gab es z. B. im Jahr 518 allein in der Hauptstadt Lo-yang nicht weniger als 1.300 buddhistische Gebäude. Sie blieben freilich nicht erhalten, weil sie samt und sonders Holzbauten waren. Aber die Beschreibungen lassen erkennen, dass es sich dabei um Pagoden handelte, die ein Bild ungeheuren Reichtums und monumentaler Größe vermittelt haben mussten; die größte Pagode soll beinahe 200 Meter Höhe (!) erreicht haben.

Ähnlich eindrucksvolle Gebäude stehen noch: die riesigen Höhlentempel von Yün-kang und der Lung-men-Komplex bei Lo-yang. Sie wurden in hochaufragende Klippen hineingebaut und mit riesigen Wandbildern und gewaltigen Statuen geschmückt. Um 520 zählte man im *Wei*-Reich nicht weniger als 30.000 Klöster und 2 Millionen (!) Mönche.

Unter den mongolischen *Sui* (589–618) und vor allem unter der sehr beständigen kosmopolitisch orientierten *Tang*-Dynastie (618–907) erfolgte die Wiedervereinigung der getrennten Reiche – und die endgültige Etablierung des Buddhismus als dritte – von außen zugewachsene – chinesische Religion; wobei er die bei weitem kreativste Bewegung dieser drei großen religiösen Traditionen darstellte.

Einige in dieser Zeit entstandene **Schulen oder Sekten** entfalteten den Buddhismus in allen seinen indischen Spielformen, doch sie kreierten auch neue buddhistische Richtungen:

Der große Reisende ***Hsüan-tang*** (596–664), der sich von 629–645 jenseits der Grenzen Chinas aufhielt und den Buddhismus in all seinen Spielformen an Ort und Stelle studierte und ausführlich darüber berichtete, gründete das chinesische Gegenstück zum indischen **Yogācāra**-Buddhismus, die **Tathatā-Schule**, in der das unvorstellbare *höchste Sein, das Abso-*

lute, im Mittelpunkt der Betrachtung stand, die Soheit des Buddha, der als fleckenloser, leuchtender Geist zu denken ist und dem man sich durch meditative Übungen des vorstellungsfreien Geistes anzunähern vermag, wodurch man die Buddha-Natur in sich verwirklicht. Diese neue, vergleichsweise idealistische Buddhologie hat später entscheidend zur Prägung des chinesischen, japanischen und tibetischen Buddhismus beigetragen.

Die **Ching-t'u-Schule** griff die **Amitābha**-Lehre vom »Reinen Land« auf, stellte die persönliche Frömmigkeit in den Mittelpunkt und lehrte einen Weg der Reue und Hingabe an die Barmherzigkeit des **Buddha Amitābha** (= Grenzenloses Licht) als sicheren Erlösungsweg, den jeder beschreiten kann, wenn er nur will. Im »Reinen Land« kann man klingende, duftende Flüsse erleben, Blütenregen, juwelenbesetzte Bäume und dergleichen und muss niemals wiedergeboren werden, es sei denn als Bodhisattva, um anderen zu helfen.

Die **Schule der Blumengirlanden** *(Ghandavuya)* orientierte sich am Avatamsaka-Sūtra, das Buddha unmittelbar nach seiner Erleuchtung unter dem Bodhi-Baum verkündet haben soll, und bot einen Weg der Meditation an, dessen Grundlage das Lotos-Sūtra war und der allen Wesen Erlösung verhieß. Die **Tientai-Sekte** – genannt nach dem Berg der Himmlischen Plattform in Südchina, wo ihr Begründer ***Chih-i*** lebte – bezieht sich ebenfalls darauf und lehrte die sogenannte »5-Stufen-Lehre« Buddhas, die mit dem einfachen Hīnayāna begann und im Lotos-Sūtra gipfelte.

Die **Meditations-Schule** ***(Ch'an)*** schließlich entstand als organisierte Bewegung im 7. Jh. und mischte taoistische Begriffe und Übungen mit solchen des Mahāyāna. Sie lehrt, dass die universale Buddha-Natur jedem Menschen immanent ist (d. h. zu ihm gehört) und auf direktem Weg durch die intensive Verbindung zwischen einem Lehrmeister und seinen Schülern verwirklicht werden muss. Dabei sind keine kanonischen Texte oder verstandesmäßige Theorien zu beachten, sondern ganz im Gegenteil: Durch höchst unkonventionelle Mittel wird dem Schüler das argumentative, schlussfolgernde Denken geradezu ausgetrieben. Ziel ist die plötzliche, wortlose Erleuchtung, in der man seiner universalen Buddha-Natur inne wird. Im Bemühen, die Schule mit Autoritäten in

Zusammenhang zu bringen, führte man die Gründung der Schule auf den legendären *Bodhidharma*, der 520 nach Kanton kam, oder gar auf den Buddha selbst zurück. Die Schule splitterte sich in viele kleine Gruppierungen auf, erreichte aber eine große Verbreitung und überstand die Verfolgungen von 845. In Japan nahm sie unter dem Namen **Zen** oder **Zazen** eine eigenständige, zeitweise dominierende Stellung ein.

Das **Ende des großen Aufschwungs** zeichnete sich aber bereits um die Mitte des 8. Jh. n. Chr. ab, als es unheilvolle Bürgerkriege gab, die den Staat viel Geld kosteten, was ihn zwang, es bei den Reichen einzutreiben, zu denen vor allem viele buddhistische Klöster gehörten. Unter dem Tang-Kaiser ***Wu-tsung*** (841–847) wurden 845 per Verordnung alle Mönche und Nonnen **in den Laienstand versetzt**, ihre Güter beschlagnahmt und die Einrichtungen zerstört. Diese dritte Katastrophe des chinesischen Buddhismus wurde zwar bereits zwei Jahre später vom Nachfolge-Kaiser durch Widerrufung der Verordnung beendet, sie bedeutete aber eine deutliche Schwächung des gesellschaftlichen Stellenwertes – wobei sich die Verordnung ausdrücklich nicht gegen den Buddhismus als Religion, sondern gegen den reichen Sangha gerichtet hatte.

Im Zeitraum zwischen dem 10. und 19. Jh. verfiel der chinesische Buddhismus immer mehr – und dies ging Hand in Hand mit dem Wiederaufleben des **universellen Konfuzianismus**, der in dieser Zeit zur maßgeblichen Ideologie wurde und alles Nichtchinesische an den Rand drängte. In diesem neuen Konfuzianismus sind durchaus auch buddhistische Elemente wirksam geworden, so dass die meisten in der Tang-Zeit entstandenen Schulen allmählich verschwanden und sich ein allgemeiner **Synkretismus** ausbreitete.

Ausgenommen davon waren nur ausgesprochene Geheimgesellschaften wie z. B. die im 12. Jh. entstandene »Weißer-Lotus-Gesellschaft« oder kämpfende Mönche wie die des berühmten Shao-lin-Klosters in Honan, wo die Kampftechnik des **Kung-fu** entwickelt wurde.

Das letzte Stadium einer **Umformung des chinesischen Buddhismus** ist in der späten Kaiserzeit an der Darstellung göttlicher Wesen zu vermerken, die als Gegengewicht gegen die Höllendrohungen des Unterweltrichters Yāma – der meist in der Amtstracht des chinesischen Richter-Mandarins dargestellt wurde – z. B. in der Gestalt der **Kuan-yin** gipfelten, einer Art buddhistischer Madonna, die die Menschen aus allen Nöten, Krankheiten und Gefahren rettet. Diese weibliche chinesisch-buddhistische Gottheit ging zurück auf den mahāyānischen Boddhisattva Avalokiteshvara – einen der himmlischen Begleiter des Buddha, dessen Funktionen sie ausübt.

Eine weitere Gestalt, die in dieser Zeit in das Bewusstsein gerückt wurde, ist der weltweit bekannt gewordene **Lachende Buddha.** Dieser dickbäuchige chinesische Lebemann mit dem breiten Grinsen ist nichts anderes als eine volkstümliche Verbalhornung des majestätischen Buddha Maitreya – dadurch entstanden, dass man ihn mit einem exzentrischen Mönch aus dem 10. Jh. (Pu-tai »Hanfsack«) identifizierte, der damals von sich behauptet hatte, der wiedergekommene Maitreya zu sein.

Die Gründung der **Chinesischen Volksrepublik** im Jahr 1949 wirkte sich auf den chinesischen Buddhismus insgesamt **restriktiv** aus: Er ist seither auf die religiöse Praxis im engen Sinn reduziert, die gesellschaftlichen und wirtschaftlichen Funktionen der Sangha wurden suspendiert, und die 1949 neu gegründete **Buddhistische Vereinigung** dient hauptsächlich der staatlichen Administration und der Repräsentation gegenüber dem Ausland; die buddhistischen Kunstschätze, Bauten und Bücher werden vom Staat erhalten und als nationales Eigentum angesehen. Es bleibt noch abzuwarten, ob der liberalere Regierungskurs seit 1976 eine Verbesserung der eher tristen Situation des chinesischen Buddhismus bringen wird.

Der japanische Buddhismus

Etwa tausend Jahre nach dem Tod Buddhas erreichte der Buddhismus auf dem Weg über China und Korea auch Japan. In der großen japanischen Chronik ***Niponshoki*** aus dem 8. Jh. gibt es einen ausführlichen Bericht darüber: Im Jahre 552 n. Chr., im 13. Regierungsjahr des Kinmei-Tennô (= 29. Kaiser Japans), schickte König ***Syong-Myong*** von Paekche aus Korea eine Gesandtschaft nach Japan, die dem Tennô ein vergoldetes Bronzestandbild des Buddha Shākyamuni, einige buddhistische Sūtras sowie typische buddhistische Prozessions-Fahnen und -Schirme mit der Empfehlung überbrachten, diese neue Religion anzunehmen und zu verbreiten.

Gegen den Protest seiner konservativen Berater, die durch eine Aufnahme dieser **ausländischen *Kami*** = Gottheit den Zorn der einheimischen Kami zu erregen befürchteten, nahm der Tenno auf Empfehlung seines Außenministers *Iname no Sukune* das Geschenk an und ordnete an, dass ihm »versuchsweise Verehrung zu erweisen sei«. Iname ließ einen Tempel bauen und übernahm selbst die Leitung der Verehrung.

Bald darauf brach jedoch eine furchtbare Seuche aus, die viele Japaner das Leben kostete und von vielen Japanern als Rache der einheimischen Kami interpretiert wurde. Daraufhin wurde die Buddhastatue in einen Kanal geworfen und der Tempel zerstört. Im nächsten Jahr ließ der Tenno jedoch als Ersatz zwei Buddha-Bildnisse in der Art des zerstörten schnitzen und stand der weiteren Mission trotz allem positiv gegenüber.

Da der japanische Staat damals noch in den Anfängen seiner Entwicklung stand und rasch aufholen wollte, übernahm er in Ermangelung einer bodenständigen Schrift im japanischen Inselreich die chinesische – und zugleich die reichhaltige Literatur des großen Nachbarn. Dadurch nahmen nicht nur die japanische Bildung und Kultur einen großen Aufschwung, sondern auch die mühsamen Anfänge des japanischen Buddhismus waren bald Vergangenheit, als unter den chinesischen Schriften auch der buddhistische Kanon nach Japan kam und man das breite Angebot der buddhistischen Lehre zur Verfügung hatte.

Obwohl man bald eine einfachere Schrift entwickelt hatte, die besser der anders gearteten japanischen Phonetik entsprach, übersetzte man doch nur verhältnismäßig wenige Texte des buddhistischen Kanons in die eigene Sprache, sondern verwendete viele Jahrhunderte lang – bis zum Beginn des 20. Jh. – die chinesische Übersetzung.

Die historische Richtigkeit des Ursprungs des japanischen Buddhismus wurde von der Wissenschaft lange angezweifelt. Und die Quellen der oben angedeuteten Entstehungssage sind auch alles andere als objektivierbare Dokumente. Doch dürfte es als gesichert gelten, dass der Buddhismus sozusagen von oben her, nämlich über den kaiserlichen Hof, nach Japan kam, dass man im Buddhismus ein Mittel zu Befriedung und Schutz des Staates *(chingo-kokka)* sah und dafür sorgte, dass die neuen Religionen die einheimischen Kami nicht verdrängten oder ersetzten, sondern als ihre *avatāras* (= Erscheinungen) angesehen wurden. Da der japanische *Shintôismus* hauptsächlich eine Naturmystik praktizierte und keine allgemeingültigen theologischen Prinzipien kannte, widersprach der Buddhismus keinen japanischen Glaubensgrundsätzen (Dogmen), sondern bot vor allem in der Form des Mahāyāna eine gute Ergänzung und konnte unschwer »einbezogen« werden – was eine beträchtliche Veränderung seiner Gestalt zur Folge hatte.

Der erste Träger dieser Entwicklung war Prinz ***Shôtoku*** (574–622 n. Chr.), der für Kaiserin *Suiko* die Regierung führte, weil diese bald nach ihrer Krönung auf den Thron verzichtet hatte, um in ein buddhistisches Kloster einzutreten. Nachdem sie Shôtoku als Regenten eingesetzt hatte, studierte er selbst mit Engagement und von großen Visionen erfüllt den chinesischen Buddhismus – und zugleich den mit ihm verbundenen Konfuzianismus – und stellte die neue Religion, nachdem er sie formal in den Schintoismus integriert hatte, unter staatliches Patronat.

In seiner 604 erlassenen japanischen »Verfassung in 17 Artikeln« – die als politisch-moralische Orientierung für die hohe Beamtenschaft gedacht war – findet man daher sowohl buddhistisches wie konfuzianistisches Gedankengut, und Artikel 2 zufolge (*»Verehrt aufrichtig die ›Drei Juwelen‹ Buddha, Dharma und Sangha«)* ist dieser akkordierte Buddhismus von ihm de facto zur Staatsreligion erhoben worden.

607 schickte Shôtoku eine Gesandtschaft an den Hof der damaligen Sui-Dynastie, der viele Gelehrte und Beamte angehörten, die in China die gesamte chinesische Zivilisation (Kultur und Administration) studieren sollten. Auf diese Weise floss sehr viel konkretes Religions-und-Bildungs-Know-how nach Japan, wurde an die andersartige Mentalität angepasst und bildete in dieser modifizierten Form, wie sich bald herausstellte, ein tragfähiges Fundament für die künftige Entwicklung des japanischen Staates.

Auf dem Gebiet der Religion äußerte sich dies so, dass Shôtoku der japanischen Sangha in der Hauptstadt Nara ein im Jahre 607 neu errichtetes religiöses Zentrum zur Verfügung stellte. Es wurde die Heimat der sogenannten »Sekten von Nara« *(Nara-rokushū)*, die von hier aus ihre Tätigkeit entfalteten und schließlich insgesamt sechs verschiedene aus China importierte und japanisierte buddhistische Schulrichtungen vertraten:

Sanron: Das Fundament der im Jahre 625 n. Chr. installierten führenden Schule der ersten Stunde waren »drei Traktate« (= *sanron)* des mahāyānischen »Mādhyamika«, das den Mittleren Weg (jap. *chudo)* zwischen Leere und Form lehrte.
Jojitsu: Sie geht auf einen hīnayānischen Traktat des Inders Harivarman († 350) zurück, der die Leerheit (jap. *kū*) in den Mittelpunkt seiner analytischen Betrachtungen stellte. Sie fungierte als Pendant des Sanron.
Hossô: Sie kam 660 nach Nara und verbreitete die Ideen des *Yogācāra*, jener idealistischen Analyse des Bewusstseins, die dessen tiefste Schicht (Speicherbewusstsein) für den Urgrund allen Seins hält. Aus den dort gespeicherten Samen *(bija)* entstanden und entstehen die Erscheinungen der Welt. Ein komplexes System geistiger Übungen führt die Mitglieder weg von der Illusion des Selbst und der Dinge und zur Erkenntnis des wahren Soseins *(tathatā)*. Hossô bereitete den Boden für die weite Verbreitung des späteren Zen-Buddhismus.
Kusha: Sie beruht auf dem sehr komplexen System des *Abidharmakosa* des Vasubandhu († 400), einer gründlichen Analyse alles Seienden, welche 75 tatsächlich existierende Elemente *(dharma)* herausarbeitete; sie ist heute noch eine Basis jedes Buddhologie-Studiums.
Kegon: Sie fußt auf dem *Avatamsaka-Sūtra*, demzufolge alles Sein der Buddha *Vairocana* (jap. *Birushana-bitsu)* ist: »Eins ist von allem, alles von einem durchdrungen.« Diese Richtung kam erst 736 nach Nara, übte Einfluss großen auf des Philosophie des Zen-Meisters Dôgen († 1253) aus.
Risshu: Sie pflegte unter Leitung ihres Gründers *Ganjin* vor allem die *Vinaya* (= Mönchsdisziplin) und legte größten Wert auf die Übertragung der Gebote in Form eines anspruchsvollen Ordinations-Ritus auf einer eigenen Gebotstribüne *(kaidan)*, dem sich alle buddhistischen Priester unterziehen mussten.

Der **Buddhismus der Nara-Zeit** war deutlich dominiert von gelehrten Priestern und Mönchen und seine Hauptaufgabe bestand darin, für das Wohlergehen des Staates und des Kaiserhauses zu beten. Als Gegengewicht bildete sich die **Ubasoku-Bewegung** heraus, der nicht-ordinierte Volkspriester angehörten, die von Ort zu Ort zogen, sich der Bedürftigen und Kranken annahmen und einen volkstümlichen, mit taoistischen und schamanistischen Elementen angereicherten Buddhismus lehrten, den das Volk begeistert annahm, zumal hier auch die Verschmelzung mit dem shintoistischen Kami-Glauben gelang.

Als Kaiser ***Shômu*** (724–749) in Nasa die Errichtung des aus Bronze gegossenen und vergoldeten, mehr als 14 Meter hohen Großen Buddha von Nara im Tôdaiji-Tempel anordnete, ließ die Sonnengöttin Amaterasu erkennen, dass sie nichts anderes sei als eine Erscheinung dieses sonnenhaften Buddha Vairocana.

Die **Heian-Zeit (794–1185)** brachte eine einschneidende Veränderung durch die Verlegung der Hauptstadt nach **Kyoto**. Damit entzog sich die Zentralregierung dem überstark gewordenen Einfluss der buddhistischen Bonzen in Nara und ermöglichte die Entfaltung einer neuen, vertieften Religiosität. In dieser Zeit dominierten zwei Mönche, die zu den bedeutendsten Persönlichkeiten Japans zählen: ***Saichô*** (767–822) und ***Kūkai*** (774–835). Als *Dengyô-daishi* (= Großmeister der Lehrübertragung) und *Kôbô-daishi* (= Großmeister der Verbreitung des Dharma) schufen sie zwei Synthesen der aus China übernommenen zahlreichen buddhistischen Schulen und Lehrelemente, die für die Zukunft maßgeblich wurden.

Saichô empfing schon mit 14 Jahren die erste Mönchsweihe und lebte zurückgezogen auf dem Berg Hiei nördlich des späteren Kyoto, wo er sich mit der Lehre des Südchinesen *Chih-i*, des Begründers der *T'ien-t'ai*-Schule auseinander setzte und nach einer Studienreise nach China auf der Basis des Lotos-Sūtra die **Tendai-Hokke**-Lehre begründete, die auch die Praxis des *Ch'an* (jap. *Zen)*, die Gebote des Mahāyāna (»Sūtra des Netzes des Indra«) und Teile der esoterischen Lehre des Wahren Wortes *(Chēn-yen*, jap. *Shingon)* umfasste. Damit war die Ablösung von der Dominanz des Nara-Sangha vollzogen und das Fundament für die weite Verbreitung der Tendai-Sekte in den folgenden Jahrhunderten gelegt.

Kūkai studierte seit seinem 15. Lebensjahr intensiv die *Drei Dogmen* (Konfuzianismus, Buddhismus, Taoismus) und verfasste eine kritische Schrift, in der er die Überlegenheit des Buddhismus darlegte. Dann widmete er sich Mantra- und anderen Konzentrationsübungen und empfing mit 19 Jahren die Mönchsweihe in Nara. Im Jahr 804 reiste er mit derselben Delegation wie Saichô nach China und wurde dort von ***Hui-kuo***, dem 7. Patriarchen der Vajrayāna-Schule des Wahren Wortes als Mitglied initiiert und bald darauf als sein Nachfolger bestimmt. Als Kūkai 806 China wieder verließ, wurde die Leitung dieser legendären esoterischen Tradition Indiens von China nach Japan verlegt und ist eine Art Indiz für den Gang der Entwicklung des Buddhismus. Kūkai hatte sich auch in die esoterische Symbolschrift *Siddham* (jap. *shittan)* einführen lassen und gilt in Japan auch als der Erfinder des japanischen Silbenschriftsystems. Kūkai wurde später Abt der einflussreichen vajrayānischen Kegon-Sekte, schuf sich dann aber mit dem Jingo-ji-Tempel ein eigenes Lehrzentrum in der Nähe von Kyoto: Dort führte er auch eine neue esoterische Weihe *(abhiseka)* ein, die viele hochrangige Mönche, unter ihnen auch Saichô, empfingen. 806 gründete er auf dem Berg Kôya (Halbinsel Kii) ein Zentrum für esoterische Meditation und bekam 823 die Leitung eines der beiden Staatstempel in Kyoto übertragen. Als es ihm zweimal gelang, in Trockenzeiten durch esoterische Riten Regen herbeizurufen, wurde ihm schließlich sogar gestattet, im Kaiserpalast einen Tempel des Wahren Wortes *(Shingon-in)* zu errichten. Dort fanden seit dem Jahr 834 in jeden Januar esoterische Riten für das Wohlergehen des Kaisers statt. 835 beendete Kūkai in tiefer Meditation sein irdisches Leben. Für seine Anhänger lebt er geistig in seinem Heiligtum auf dem Berg Koya weiter.

In der weiteren Entwicklung hat sich die weltzugewandte, auch die Ästhetik und das Geheimnisvolle mit einbeziehende Ausrichtung der Frömmigkeit des Buddhismus in der Art der **Tendai- und Shingon-Schulen** in Japan durchgesetzt. Auch die vom Laien **Shinran-Shônin** (1173–1262) gegründete **Jôdo-Shinshū**-Sekte, die den Akzent deutlich auf das Erlöst-*werden* durch die guten Gaben des **Amida-Butsu** legt, liegt auf dieser Linie und ist gegenwärtig die mitgliederstärkste Sekte Japans.

Der **Zen-Buddhismus** vertritt einen gegenteiligen Standpunkt: Der Mensch kommt letztlich nur aus eigener Kraft zum Erwachen und zur Erlösung. Elemente des Zen waren bereits seit dem 7. Jh. in Japan bekannt und wurden sowohl in den sechs alten Sekten gepflegt als auch in die Tendai-Lehre einbezogen. Eine eigenständige Tradition, die schließlich zur Bildung einer eigenen Sekte führte, schuf erst **Eisai** († 1215) durch den Import des auf den Chinesen *Lin-Chi* († 867) zurückgehende **Rinzai-Zen** und durch seine guten Beziehungen zur *Minamoto*-Militärregierung, die nach einem heftigen Bürgerkrieg im Jahr 1185 ihre Widersacher besiegt, die Heinan-Zeit beendet und den Regierungssitz nach **Kamakura** (bei Tôkyô) verlegt hatte. Die schlichte und sehr konsequente Methode des **Zazen** (= Sitzen in Versenkung) entsprach der neuen Mentalität der **Kamakura-Zeit (1185–1333)** viel besser als die von Riten, Dogmatik und religiöser Hingabe bestimmten bisher dominierenden Schulen und Sekten. Eisai gilt auch als der Erfinder des **Cha-do** (= Tee-Weg), der typischen, ebenfalls aus China importierten und vom Zen-Geist bestimmten japanischen Tee-Zeremonie.

Dôgen (1200–1253) war der zweite Zen-Meister, dessen strenge **Sôtô**-Lehre in dieselbe neue Kerbe schlug und dessen Hauptwerk »Schatzkammer der Erkenntnis des wahren Dharma« *(Shôbôgenzô)* durch seine Brillanz und Klarheit bis heute besticht. *»Üben führt nicht zum Erwachen, sondern wird im Zustand des Erwachens geübt«*, ist einer seiner wichtigen Sätze. Für ihn ist bloßes Streben nach Erwachen bereits eine Verfehlung. Damit liefert er einen wesentlichen Beitrag zum eigentlichen Kern der später entstandenen **Wege** *(dô)* des Blumensteckens, Bogenschießens, Schwertkampfes usw., bei denen Üben und das Übungsziel dasselbe sind und man sich von Ego und Absicht frei machen muss, um zum Erfolg zu kommen.

Während der folgenden Jahrhunderte entwickelten sich immer neue Spielformen vor allem des Rinzai-Zen, wobei das Studium der **Kôans** zu einem der wichtigen Inhalte der Meditation wurden. ***Hakuin*** (1685–1768) wurde der große Meister der überlieferten 1.700 Denkrätsel. Ein Beispiel: *»Als Meister Joshu eines Tages gefragt wurde, ob ein Hund Buddha-Natur besitze, erwiderte er ketzerisch: ›Mu!‹* (= Nein!). *Ein andermal* *beantwortete er dieselbe Frage mit: ›Ja – alle Wesen haben Buddha-Natur.‹«*

Plötzliche Erleuchtungen nennen die Rinzai-Meister *(roshi)* **Satori**. Entscheidend ist, dass man die Grenzen des Denkens deutlich werden und er sich einer Realität öffnet, die nicht in Worten auszudrücken ist. Die Vision muss aber vom Meister beglaubigt und durch schwierigere Kôans noch vertieft werden. Auf Joshus Ja gibt es keine Antwort, weil es im Buddhismus nicht um Antworten oder Lehrsätze geht, sondern um das Freiwerden davon. »Die intellektuelle Gedankenmühle soll ja gerade aufhören, sich ruhelos im Kopf zu drehen; Versenkung beginnt erst, wenn das diskursive Denken zur Ruhe kommt. Dennoch muss der Übende beim Zazen geistig völlig präsent bleiben – in stiller, konzentrierter Erwartung, des Größten gewärtig. Und solch völliges Sichversenken ist eben nicht nur Frucht geistiger Sammlung, sondern gleichzeitig Ergebnis einer bestimmten Körperhaltung.« (G. u. Th. Sartory)

»Wenn sich Füße, Beine, Arme, Hände, Rumpf und Kopf geordnet und unbeweglich in der herkömmlichen Lotushaltung befinden, der Atem geregelt ist, die Gedanken methodisch zur Ruhe gebracht werden, wenn Kontrolle über die Empfindungen und Stärkung des Willens entwickelt und tiefe Stille im innersten Bereich der Seele erzeugt wird, dann sind die besten Voraussetzungen geschaffen, um den Herzgeist zu schauen und das wahre Wesen des Daseins zu entdecken.« (Ph. Kapleau)

Der Zen-Buddhist spricht nicht vom Göttlichen, sondern schweigt, denn in verehrungsvoller Hingabe an das, was man gerade tut, empfindet er das darin erfahrbare Numinose. Dies kann die folgende Zen-Geschichte verdeutlichen, die als Kôan verwendbar ist: Zum Meister kommt ein Schüler: »Du bist erleuchtet, ich nicht! Was aber unterscheidet dich von mir?« – »Nun, wenn ich gehe, dann gehe ich; wenn ich müde bin, dann schlafe ich; wenn mich hungert, esse ich.« – »Aber das tue ich doch auch«, ruft der Schüler. »Dann tu's doch!«, sagt der Lehrer.

Verwandt mit der Verwendung eines Kôan ist die Gestaltung der **Zen-Gärten** und das Verfassen eines **Haiku.** Ersterer bildet die veränderliche Natur in ihrer ursprünglichen Soheit ab: gleichzeitig vollkommen und doch von Natur aus unvollendet. Letzteres ist mit seinen 17 Silben der poetische Ausdruck des entscheidenden Denk-Moments in der Zenmeditation, in dem die Ganzheit der Wahrnehmung erfasst wird. Ein Haiku soll sowohl einen Jahreszeitenbezug aufweisen als auch die Zeitlichkeit transzendieren und auch das Ego des Dichters darf nicht wahrnehmbar sein. Ein berühmtes Beispiel von ***Matsuo Basho*** († 1694): *»Der alte Teich. Ein Frosch springt hinein – das Geräusch des Wassers.«* Auch die herrliche **Kalligraphie** auf Pergamentrollen und die duftige Zen-**Malerei** stehen im Dienst der buddhistischen Lehre und Kontemplation.

Seit dem 19. Jh. hat das Interesse des Westens für den Buddhismus sprunghaft zugenommen. In den letzten Jahren unseres Jahrhunderts kam es zu einer richtigen Überschwemmung Mitteleuropas, Englands und Amerikas mit buddhistischer Mission. Vor allem der Zen-Buddhismus mit seiner radikalen Meditationspraktik hat viele Anhänger im Bereich christlicher Innerlichkeit gefunden, wobei man freilich eher die ausgefeilte Technik der Meditation und das Öffnen des geistigen Auges sucht als den Buddhismus, wie er in Japan gelebt wird. Den vermittelt auf seine Weise der Massentourismus, der die asiatischen Länder seit langem voll in sein Programmangebot mit einbezieht. Er ermöglicht das Aufsuchen der Pagoden, den Blick zurück in die großen Zeiten und hat den Kontakt mit der buddhistischen Folklore und das Genießen einer Teezeremonie im entsprechenden Ambiente zur Mode werden lassen.

Doch auch das moderne Japan beeindruckt durch die Fülle und die Lebendigkeit seiner buddhistischen Tradition. Nicht zuletzt äußert sich dies in zahlreichen neuen Sekten, die – wie früher schon – auf Bedürfnisse und Probleme reagieren, dabei aber aus der reichen Vergangenheit schöpfen können.

Der tibetische Buddhismus

Eine weitere, sehr eigenständige Ausprägung der Lehre des Buddha findet sich auf dem Dach der Welt oder im Schneeland, wie die Tibeter selbst ihr Land nennen. Sie ist am besten durch die Bezeichnung **Lamaismus** zum Ausdruck gebracht. Etymologisch bedeutet *Lama* Lehrer, Oberer, und zwar Oberer der tibetanischen Mönche. Der Lamaismus gehört zum Vajrayāna (= Diamanten-Fahrzeug des Buddhismus) und ist seine spezielle Ausprägung in Tibet und in Teilen der Mongolei. Der Lamaismus ist eine ausgesprochene Mischreligion zwischen dem Tantrischen oder Mantra-Buddhismus (Diamanten-Fahrzeug) und vorbuddhistischer tibetanischer Dämonen- bzw. mongolischer Naturgottverehrung.

Die Buddhisierung Tibets

Das Vajrayāna hielt im Jahr 642 von Bengalen aus seinen Einzug in Tibet und stieß dort auf die einheimische **Bon-Religion**, die in Osttibet, an den Südhängen des Himalaja, in Bhutan und Sikkim, vereinzelt auch in Westtibet (Ladakh) bis heute erhalten blieb und deren Anhänger sich Bon-Po nannten. Die älteste Form dieser Religion ist eine Mischung von Animismus und Magiertum, doch ist diese Religion kaum mehr zu rekonstruieren, da sie stark vom Buddhismus und Hinduismus, wahrscheinlich auch vom Manichäismus und von nestorianischem Christentum beeinflusst ist.

Der Kult bestand hauptsächlich in einer Art Besänftigungsriten (Darbringung von Naturalien, bannende Mysterienspiele, Heilungsrituale und Schutztänze), um die lokalen Gottheiten und Geister zu kontrollieren, von denen man offensichtlich glaubte, dass sie in großen Mengen und in allen Winkeln des extrem unwirtlichen Landes die Menschen drangsalierend tätig sind. Wahrscheinlich erfüllte ursprünglich das jeweilige Familienoberhaupt die Priester-Funktionen. Später bildete sich dann ein eigener Stand, der wegen seiner Zauberkräfte (Heiler, Wettermacher) geschätzt und gefürchtet wurde.

Andererseits verweisen jüngere Forschungen darauf, dass es neben der Bon- auch noch eine **Gtsung** genannte Religion gegeben haben muss, deren Priester *Gshen* genannt wurden und die insbesondere für Tieropfer zuständig waren. Diese priesterliche Religion stand offenbar im Dienste der vorbuddhistischen Könige, die als geheiligte Regenten angesehen wurden und deren Begräbnis jeweils mit einem umfänglichen Ritual begangen wurde, das in einen nachfolgenden Totenkult an seinem Grabhügel im Yarlung-Tal einmündete. Der Buddhismus, den die Tibeter **Chos** nannten, stand solchen blutigen Opferritualen äußerst ablehnend gegenüber und hat wahrscheinlich diese Priesterreligion total in den Hintergrund gedrängt.

Die Bon-Religion wurde offensichtlich von König ***Srong-btsan-sgam-po*** (627–650) mit dem Buddhismus verbunden. Er hatte von seinem Vater *gNam-ri-slon-mtshan*, der sich erfolgreich die Lehenstreue der widerstrebenden Adelsfamilien sichern konnte, einen relativ geeinten und mächtigen Staat übernommen und versuchte seine Einheit durch ständige Militäraktionen gegen die Nachbarn zu festigen. Auf diese Weise kamen die Tibeter in engeren Kontakt mit den Chinesen, Türken und Uiguren, mit den ersten islamischen Arabern sowie mit den Nepalesen und den Indern. Es gehörte zur Politik dieses ersten tibetanischen Königs, der **Lhasa** zur Hauptstadt des Landes gemacht hatte, Prinzessinnen aus diesen Kontakt-Ländern zu heiraten und sich um die Öffnung und Hebung der tibetanischen Kultur zu bemühen. Seine chinesische und seine nepalesische Gemahlin sollen der Überlieferung zufolge Buddhistinnen gewesen sein. Deshalb ließ Srong-btsan buddhistische Tempel in Lhasa und an anderen Orten errichten und rief buddhistische Mönche ins Land, da ihm die universelle Ausrichtung des Buddhismus bei seinen Pläne zustatten kam. Dass sich ein vergleichbarer Vorgang praktisch zur selben Zeit in Japan abspielte, sei nur eben erwähnt.

Der (ungesicherten) Überlieferung zufolge sandte der König seinen Minister *Thoti-misambhota* im Jahre 632 mit dem Auftrag nach Indien, die Übernahme des Buddhismus zu organisieren. Der Minister war selbst ein gelehrter Mann und formte ein **tibetanisches Alphabet** (aus dreißig Konsonanten und vier Vokalzeichen, wobei stilistische und grammatikalische Regeln aus den indischen Textvorlagen übernommen wurden), um das ins Tibetische übersetzte buddhistische Schrifttum aufzeichnen lassen zu können.

In einer Überlieferung aus dem 12./13. Jh. wurde all dies als Teil eines göttlichen **Plans des großen Bodhisattva Avalokiteshvara** *(tibet. sPyan-ras-gzigs)* bezeichnet, der sich seinerzeit in Gestalt eines Affen nach Tibet begeben hatte, um dort in der Einsamkeit zu meditieren. Als sich der Affe mit einer Felsdämonin vereinigte, wurden die Vorfahren der tibetischen Geschlechter geboren. Mit König Srong-btsan – einer Verkörperung des Avalokiteshvara – war dann die Zeit der Bekehrung Tibets gekommen. Seine beiden buddhistischen Gattinnen waren beide Verkörperungen der *Tārā*, der Shakti des Bodhisattva, und die ersten Tempel wurden so angelegt, dass sie eine große Dämonin bannten, die unterhalb Tibets auf ihrem Rücken ausgestreckt lag. Entsprechend seiner göttlichen Natur ging der König nach seinem Tod zusammen mit seinen beiden Gemahlinnen in die große Statue des Avalokiteshvara im **Jo-khang**, dem Haupttempel Lhasas, ein.

Der Einfluss des Buddhismus blieb aber zunächst gering, auch unter Srongs Nachfolger ***Khri-srong-lde-btsan*** (740–798), der auch den amtlichen Quellen nach dem Buddhismus wohlgesonnen war und – in der späteren Überlieferung – als Verkörperung des Bodhisattva **Manjusri** angesehen wurde. Khri-srong hatte gegen starken Widerstand im Land zu kämpfen, der sich gegen seine Vorliebe für den Buddhismus aussprach. Als er den indischen Mahāyāna-Mönch *Shāntiraksita* einlud, an Klostergründungen mitzuwirken und als erstes das Kloster **Samye** am Brahmaputra im Südosten von Lhasa geplant wurde, gab es derart ungünstige Vorzeichen, dass an seiner Stelle der berühmte Tantriker ***Padmasambhava*** (= Lotosgeborener) aus Swat (im Norden Pakistans) eingeladen wurde, der als Meister der Magie *(siddha)* über die nötige Macht verfügte, den dämonisch gesteuerten Widerstand zu brechen. In einem spirituellen Siegeszug sondergleichen bezwang einer Überlieferung aus dem 14. Jh. zufolge Padmasambhava im Jahre 750 alle feindlichen Dämonen und konnte sie als Schutzgeister in den Dienst der Lehre des Buddha nehmen. Der folgende Text lässt den Ductus der späteren Überlieferung erkennen:

> *Bei Sonnenaufgang nahm der Padma die Gestalt eines Dharma-Radsha* (= Gesetzeskönig) *an und flog über Bodh-Gaya. Angesichts dieser magischen Kraftentfaltung zweifelte der König an seiner geistigen Gewandtheit und versammelte die gelehrtesten Nicht-Buddhisten zum Kampf. Padma brachte in jeder der vier Himmelsrichtungen eine ihm gleichende Persönlichkeit hervor, während er selbst in Meditation verharrte. Diese vier Persönlichkeiten stritten über die religiösen Fragen mit den Nicht-Buddhisten. Die siegenden Buddhisten aber klatschten in die Hände und riefen, die Nicht-Buddhisten seien besiegt … Nach und nach unterwarf er Götter, Göttinnen und böse Geister in ganz Tibet und vollbrachte viele Wunder.*

779 n. Chr. wurde das Kloster Samye im Beisein des Königs und seines Hofstaates eingeweiht, und die ersten sieben ausgewählten tibetischen Mönche erhielten ihre Ordination. In der Folge stand jeweils ein Mönch rangmäßig über allen Ministern oder war sogar – als **Ober-Lama** – der Staats- und Regierungschef.

Padmasambhava gilt daher mit Recht als der eigentliche Begründer des tibetischen Buddhismus oder **Lamaismus**, der eine Mischung von Mahāyāna und Vajrayāna darstellt, allerdings auch viele bodenständige Bon-Elemente enthält. Die ausgefeilten Yoga-Übungen, die in allen Schulen gelehrt und geübt werden, dienen hier – anders als im Therāvada-Buddhismus – dazu, übernatürliche Kräfte (siddhi) zu erlangen, mit deren Hilfe man das eigentliche Ziel der Religion, den »Samadhi« (= Erlösung), zu erreichen hofft.

Das Tibetanisches Totenbuch (Der Bardo Thödol)

Besonders charakteristisch für den Lamaismus ist auch der Glaube an die Möglichkeit, durch asketisch-mystische Verfahren die nachfolgenden Wiedergeburten eines Menschen im voraus bestimmen und steuern zu können. Überhaupt spielt die Beschäftigung mit den Wiedergeburten und den zwischen Tod und Wiedergeburt liegenden *Bardos* (= Zwischenzustände) eine bedeutende Rolle – besonders in der Betreuung der Sterbenden.

Im Jahr 1927 erschien in englischer Sprache, herausgegeben von W. Y. Evans-Wentz, »The Tibetan Book of the Dead«, nach einer Fassung des Lama Kazi Dawa Samdup, der das Buch als zu den Schätzen gehörig deklarierte und dem Padmasambhava zuschrieb. Acht Jahre später erschien es in deutscher Übersetzung als **Das Tibetanische Totenbuch**, eingeleitet von C. G. Jung, dem Schweizer Tiefenpsychologen, der in seinem Geleitwort eine wichtige Verstehenshilfe für europäische Leser bietet:

> *Der Bardo Thödol ist ein Buch der Belehrung des eben Gestorbenen. Es soll ihm als Führer durch die Zeit der Bardo-Existenz – ein Zwischenzustand von symbolischen 49 Tagen Dauer zwischen Tod und Wiedergeburt – dienen, ähnlich wie das »Ägyptische Totenbuch« …*

Der Text zerfällt in drei Teile: Der Tschikhai-Bardo schildert die seelischen Ereignisse im Moment des Todes. Der Tschönyid-Bardo beschäftigt sich mit dem nach erfolgtem, definitivem Tod eintretenden Traumzustand, den sogenannten karmischen Illusionen. Der Sipa-Bardo betrifft das Einsetzen des Geburtstriebes und der pränatalen Ereignisse.
Das Charakteristische ist, dass die höchste Einsicht und Erleuchtung und damit die größte Erlösungsmöglichkeit unmittelbar im Prozess des Sterbens eintritt. Bald danach beginnen die Illusionen, welche schließlich zur Wiederverkörperung führen, wobei die erleuchtenden Lichter immer trüber und mannigfaltiger werden und die Visionen an Schreckhaftigkeit zunehmen. Dieser Abstieg schildert die Entfremdung des Bewusstseins von der erlösenden Wahrheit und seine Wiederannäherung an die physische Existenz. Die Belehrung hat den Zweck, den Abgeschiedenen auf jeder Stufe der Verblendung und Verstrickung auf die jeweils vorhandene Erlösungsmöglichkeit aufmerksam zu machen und ihn über die Natur seiner Visionen aufzuklären. Die Bardo-Texte werden vom Lama in der Nähe der Leiche gelesen.
Die Philosophie dieses Buches ist die Quintessenz buddhistischer psychologischer Kritik und als solche – man kann wohl sagen – von unerhörter Überlegenheit. Nicht nur die ›zornigen‹, auch die ›friedlichen‹ Gottheiten sind samsarische Projektionen der menschlichen Seele … Die Seele ist es, die aus eingeborener göttlicher Schöpferkraft die metaphysischen Aussagen macht; sie setzt die Distinktionen der metaphysischen Wesenheiten. Sie ist nicht nur die Bedingung des metaphysisch Realen, sondern sie ist es selbst. Die Seele ist wahrlich nicht klein, sondern die leuchtende Gottheit selbst. Diese Aussage findet der Westen entweder sehr bedenklich, wenn nicht gar verwerflich, oder er eignet sie sich ebenso unbedenklich an und holt sich dabei eine theosophische Inflation. Irgendwie stehen wir zu diesen Dingen schief. Können wir uns aber so weit beherrschen, dass wir uns unseres Hauptirrtums, immer etwas mit den Dingen machen zu wollen, enthalten, so gelingt es uns vielleicht, daraus eine für uns wichtige Lehre zu ziehen oder wenigstens die Größe des Bardo Thödol zu ermessen, welcher dem Toten die

letzte und höchste Wahrheit mitgibt, dass auch die Götter Schein und Licht der eigenen Seele sind ... Der Bardo Thödol ist ein Initiationsvorgang mit dem Zweck, die durch die Geburt verlorene Gottheit der Seele wiederherzustellen ... Wir haben im Westen nichts, das wir irgendwie mit dem Bardo Thödol vergleichen könnten – mit Ausnahme gewisser geheimer Schriften ... Der Bardo Thödol war ein geheimes Buch und ist es geblieben, was wir immer für Kommentare darüber schreiben, denn sein Verständnis erfordert ein geistiges Vermögen, das keiner schlechthin besitzt, sondern nur durch eine besondere Lebensführung und -erfahrung erwerben kann.

Dieses Tibetanische Totenbuch ist ein ungemein interessantes Zeugnis des Glaubens an ein Weiterleben nach dem Tode, besser des Glaubens an eine Rückkehr von den Toten. Lama Anagarika *Govinda,* der »Das Tibetische Buch der Toten« nach dem tibetischen Originaltext übersetzte, bearbeitete und 1977 im O. W. Barth-Verlag neu herausgab, weist darauf hin, dass der Sinn des *Bardo Thödol* ein dreifacher ist:

1. Dass derjenige, der sich ernsthaft müht, die Lehren des Bardo Thödol zu verwirklichen, jeden Augenblick seines Lebens mit dem gleichen Ernst betrachten soll, als wenn es der letzte seines Lebens wäre; 2. dass wenn die letzte Stunde des Eingeweihten herannaht, man ihn an die Worte seines Guru erinnern und in ihm die Erlebnisse der Initiation und der Schauungen wachrufen soll, falls sein Geist im entscheidenden Augenblick getrübt ist; 3. dass man versuchen soll, den soeben aus dem Leben Abgeschiedenen mit liebenden und helfenden Gedanken in den neuen Daseinszustand zu begleiten (solange sein Geist noch unsicher und mit der Vergangenheit verbunden ist), ohne zuzulassen, dass die eigene emotionelle Bindung zu einem Hindernis für ihn oder zu einem Zustand morbider Depression für einen selbst wird.

So gesehen, hat das Tibetanische Totenbuch wahrscheinlich nicht seinesgleichen unter allen Büchern der Weltreligionen insgesamt. Der Ernst und die fürsorgende Liebe, die aus jedem Wort dieses Buches sprechen, haben vorbildhafte Funktion für jeden gläubigen Menschen und lassen erkennen, wie sehr wir heute darauf angewiesen sind, voneinander zu lernen.

Die Entwicklung des buddhistischen Staatsgebildes verlief alles andere als problemlos, denn bereits der Nachfolger Khri-srongs ***Ral-pa-can*** (798–838), der den Mönchen große Privilegien einräumte und schließlich sogar selbst in den Orden eintrat, wurde ermordet, und sein Bruder ***Glang-dar-ma*** (838–842) soll eine Verfolgung der Mönche eingeleitet und Tempel und Bildwerke zerstören haben lassen. Der Überlieferung zufolge soll er selbst von einem Mönch ermordet worden sein – was heute noch von den sogenannten Schwarzhuttänzen *(cham)* erinnert wird. Die Folgen dieses politischen Mordes waren katastrophal: totale Hierarchie, der Zerfall des Reiches und des Sangha und das Absinken in die Bedeutungslosigkeit für rund 150 Jahre.

Trotzdem überlebten in Tibet auf geradezu wunderbare Weise – was selbst in Indien nicht gelang – die im Laufe der knapp hundert Jahre der »ersten Ausbreitung der Lehre« geschaffenen Übersetzungen einer Fülle buddhistischer Texte vor allem des Mahāyāna und Vajrayāna, die durch den gleichzeitigen Niedergang des Buddhismus in Indien dort verloren gingen, aber in der – meist sehr genauen – tibetischen Version erhalten blieben.

Erst zu Beginn des 11. Jh. gelang die Wiederherstellung des Buddhismus in Tibet, und zwar von Westtibet her, wo Nachkommen der ehemaligen Königsdynastie die drei Königreiche *sMar-yul, Gu-ge und sPu-hrangs* begründet hatten, wo der Buddhismus durch Gelehrte, Yogis und Künstler aus Kaschmir und Nordpakistan gestärkt wurde. Die Initiative ergriff König ***Ye-shes-'od*** von sPu-hrangs, der eine Gruppe interessierter junger Männer unter Führung von ***Rin-chen-bzang-po*** (958–1055) nach Nordindien schickte, wo der Mahāyāna noch blühte und sie gründlich in die Befolgung des Vinaya eingeführt wurden. Zurückgekehrt, gründete Rin-chen zahlreiche Klöster und Tempel, setzte die Übersetzung indischer Schriften fort und übte großen Einfluss auf die Wiederbelebung der buddhistischen Tradition in Westtibet, Ladakh und Spiti aus.

Verstärkt wurde dieser Einfluss durch den aus Bengalen stammenden indischen Mönchsgelehrten und Siddha ***Atisha***

(982–1054), der 1042 nach Tibet kam und zusammen mit seinem Schüler ***'Brom-ston*** (1008–1064) die Schulrichtung *bKa'-gdams-pa* (= Die an Gebote Gebundenen) begründete, die zu Beginn des 15. Jh. in die Schule der *dGe-lugs-pa* (= **Gelukpa**, »Anhänger des Weges der Tugend« oder »Gelbhüte«) umgewandelt wurde, die schließlich in der Gestalt des **Dalai Lama** sowohl die weltliche wie die geistliche Herrschaft über Tibet erlangte. – Atisha bekämpfte entschieden die da und dort infolge der fehlenden Kontrolle praktizierten schwarzmagischen Praktiken, stellte die Verehrung des Bodhisattva Avalokiteshvara in den Mittelpunkt seiner Lehre und verhalf der tantrischen Richtung des Vajrayāna in Tibet zum Durchbruch. Damit leistete er wohl die Hauptarbeit zur zweiten Ausbreitung der Lehre, die in den weiteren Jahrhunderten in Tibet bestimmend blieb.

Der Dalai-Lama arbeitet an einem Sand-Mandala für ein Vajrayāna-Ritual.

Eine deutliche Verstärkung bedeutete auch die Arbeit des Tibeters ***Mar-pa*** (1012–1096), der in Bihar in den Yoga-Tantra des indischen Siddha *Nāropa* eingeführt wurde und in Lhobrag in Zentral-Tibet als buddhistischer Laie lebte und im Verborgenen viele Schüler zur tantrischen Einweihung führte. Der berühmteste seiner Schüler war ***Milarepa*** (1052–1135), der viele Jahre in der Bergeinsamkeit des Himalaja als Asket lebte und dabei auch die Gabe der inneren Hitze *(gtum-mo)* beherrschte, die ihm das Überleben in den bitterkalten Bergwintern ohne besondere Schutzvorkehrungen ermöglichte. Beide wurden nie als Mönche ordiniert und bereicherten durch ihre neuartige, religiös gefärbte Dichtung auch die tibetische Literatur.

In der folgenden Zeit entstanden noch viele andere Gruppierungen, die teilweise große Bedeutung hatten, sie aber im Laufe der Zeit wieder verloren. Hier sei zuerst noch auf die ***'Brug-pa*** verwiesen, die vom Siddha (= Tantra-Meister) *Gling-chen-ras-pa* († 1188) begründet wurden und im Kloster *'Brug* (= Drache; weil bei der Gründung am Himmel ein Drache erschienen sein soll) ihr Zentrum hatten.

Im 17. Jh. wandte sich ein Zweig des Ordens nach **Bhutan** (= Land der 'Brug-pa-Schule) und übernahm dort die Macht. Eine andere Schule waren die **Sa-skya-pa**. Sie hießen so nach dem Kloster Sa-skya bei Shigatse, und ihr Begründer war *'Brog-mi* (992–1072), der wie Mar-pa in Indien (bei *Shāntipa)* studierte, von ihm als Siddha eingeweiht wurde, dessen *Hevajratantra* ins Tibetische übersetzte und der Lehre der *Sa-skya* zugrunde legte. Durch seinen Nachfolger *dKon-mchog-rgyal-po* aus der mächtigen Adelsfamilie der *'Khon* wurde die Leitung der Sa-skya in dieser Familie erblich.

Im 13. Jh. berief der mongolische Khan *Godan* den Sa-skya-Lama an seinen Hof, forderte von ihm die Unterwerfung Tibets und setzte ihn darauf als Regent ein. Sein Neffe und Nachfolger ***'Phags-pa*** (1235–1280) gewann das Vertrauen von ***Khubilai Khan***, der als Kaiser von China zum mächtigen Förderer und Gönner des Buddhismus wurde und allen Klöstern in Tibet Abgabenfreiheit gewährte. Erstmals seit dem 9. Jh. hatte Tibet damit im 14. Jh. wieder eine einheitliche politische Führung, und diese lag in geistlicher Hand.

Diese theokratische Struktur blieb dann bis 1959 kennzeichnend für Tibet – allerdings auch das recht unbestimmte Abkommen des geistlichen Oberhauptes von Tibet ('Phagspa) mit seinem chinesischen Gönner (Khubilai-Khan), was dann sowohl die chinesische Mandschu-Dynastie als auch das republikanische und das kommunistische China als Rechtstitel der Beanspruchung ihrer Oberhoheit über Tibet benutzten.

Als die Mongolen-Dynastie in China zu Ende war, nahm auch die chinesische Oberhoheit über Tibet ein Ende, und es kam wieder zu Machtkämpfen um die Vorherrschaft, die bis zum 17. Jh. anhielten. Diese Kämpfe waren selten militärische Auseinandersetzungen, sondern eher ein geistiges Ringen um die geistig-religiöse Führung innerhalb des Buddhismus. Dabei arbeitete man mit Mitteln, die auch in Japan, China und Indien angewendet wurden – z. B. mit verborgenen Wahrheiten, die man plötzlich wieder entdeckte und die neue Wegweisungen enthielten, für die jetzt die Zeit reif geworden war. Von den Gegnern wurden diese Funde für akokryph erklärt und nicht anerkannt. Es waren aber echte Schätze *(gter-ma)* dabei, und die Lamas, die sie verbreiteten, wurden als Offenbarer der Schätze *(gter-ston)* verehrt. Die kritische Forschung prüfte genau und sah nicht alles als bloße Erfindungen an.

War bis gegen Ende des 13. Jh. der Austausch mit Glaubensbrüdern in anderen Ländern durch die politischen Umwälzungen in Zentralasien und Indien und die dadurch erfolgenden Migrationen relativ stark gewesen, so nahm er nach und nach ab. Der tibetische Buddhismus wurde selbstbewusst, sichtete seine zahllosen Übersetzungen, abgeschriebenen Überlieferungen und neu entdeckten »Schätze« und veranstaltete unter der Führung des Gelehrten ***Bu-ston*** (1290–1364) eine Sammlung und kanonische Zusammenstellung von 108 Büchern, die als Wort des Buddha galten und *bKa'-'gyur*, kurz **Kanjur** (= Übersetzungen der Worte) genannt wurden. Daran schloss sich eine Sammlung aller Kommentare und Abhandlungen und eine kanonische Auswahl von 225 Büchern, die man **Tenjur** (= Übersetzungen der Abhandlungen) nannte. In diesen beiden Werken sind mehr als 4.500 einzelne Schriften enthalten, die 1334 im Tempel von **Zha-lu** untergebracht wurden – sie wurden ins Chinesische und Mongolische übersetzt und auch an verschiedenen Orten (z. B. 1410 in Peking) gedruckt.

Als letzte buddhistische Schule Tibets entstand die *dGelugs-pa, kurz* **Gelugspa** (= Anhänger des Weges der Tugend), als deren Gründer der Nordosttibeter **Tsong-kha-pa** (1357–1419) gilt. Er studierte in verschiedenen Klöstern Tibets und lehrte schließlich im Kloster *Rva-sgreng* der bKa'-gdams-Schule, deren strenge Mönchs-Ideale in der Nachfolge des Atisha und 'Brom-ston ihm am ehesten zusagten. Er wurde zu einem sehr einflussreichen Lama, legte seine auf den Werken Nāgārjunas, Asangas und Dignāgas beruhenden Anschauungen im **Lam-rim-chen-mo** (= Die große Darlegung des Stufenweges) nieder und gründete 1409 in der Nähe von Lhasa sein eigenes Kloster ***dGa'-ldan*** und wegen des großen Zulaufs zwei weitere (*Drepung* und *Sera*). 1408 hatte er im Jo-khang-Tempel in Lhasa die alljährliche Neujahrsfeier Großes Gebet eingeführt, bei der jedes Jahr (bis 1959) erneut die **Übergabe Tibets an den Buddhismus** vollzogen wurde.

Er kommentierte aber auch die Tantras und gründete später Studienklöster für das »Obere Tantra« und das »Untere Tantra«, deren Schüler strengen Prüfungen und Kontrollen unterworfen wurden, um Auswüchse auszumerzen. Sinn dieser Schulung war es, sich unter Anleitung in genau festgelegten Ritualen mit Hilfe von Mandalas (typisch sind die ad hoc aus buntem Sand hergestellten großen Bilder, die nach Beendigung des Rituals wieder zerstört werden) Yantras (mystische Symbole), Mantras (Kraftworte, magische Sprüche, Beschwörungsformeln, Kultlieder) und Mudras (Gesten, Bewegungen, Stellungen) sich zu konzentrieren, zu verinnerlichen, sich verschiedenen Gottheiten anzunähern, mit ihnen zu kommunizieren, sie um Hilfe bei der Kontrolle der Dämonen zu bitten und diesen Schutz zu organisieren. Dem dienen das reiche Ritualgerät und die vielen Feste und täglichen Rituale in den Klöstern.

Die Zeit der Dalai-Lamas

Ab der Mitte des 15. Jh. dominierten die »Gelbmützen« im ganzen Land und hielten diese Stellung nicht zuletzt durch den Glauben an die Wiederverkörperung ehemaliger Oberhäupter in Kindern, die im ganzen Land gesucht, an bestimmten Zeichen erkannt, geprüft und dann als Reinkarnation des Verstorbenen anerkannt und ausgebildet wurden. Der dritte Nachfolger *Tsong-kha-pas* war sein Neffe *dGe-'dun-grub* (1391–1475). Als er starb, fand man bald darauf ein Kind, das als seine Reinkarnation erkannt und anerkannt wurde. Rückwirkend wurde ***dGe-'dun-grub*** als **erster Dalai-Lama**

(= Ozean an Weisheit) bezeichnet und das Kind als zweiter, obwohl die Bezeichnung Dalai Lama erst von *Altan Khan*, dem Herrscher des mongolischen Stammes der Tümed, an ***bSod-nams-rgya-mtsho*** (1543–1488), den dritten Dalai Lama, verliehen wurde, als er 1578 den tibetischen Buddhismus für sein Volk übernahm. Dadurch wurde die zur Zeit Khubilai-Khans bestandene Kooperation mit den Mongolen erneuert, und dies erleichterte es dem Dalai Lama und den Gelukpa, die Macht in ganz Tibet – und auch über die konkurrierenden Schulen – zu sichern. Diese Zusammenarbeit verstärkte sich, als der vierte Dalai Lama in einem Urenkel des *Altan Khan* gefunden wurde.

Als sich *Gushri-Khan*, der Führer der Qoshot-Mongolen, am Kokonor-See niederließ, war die Herrschaft des **fünften** Dalai-Lama ***Ngag-dbang-blo-bzang-rgya-mtsho*** (1617–1682) – der von den Tibetern der Große genannt wird – praktisch unbestritten. Er traf in Peking mit dem Ming-Kaiser von China zusammen und ließ in Lhasa als seine Residenz in nur achtjähriger Bauzeit den eindrucksvollen **Potala** erbauen, das bedeutendste Symbol der tibetischen Kultur und der Verbindung von geistlicher und weltlicher Macht. Der Name ist jenem Berg in Südindien entlehnt, der als Thron des Boddhisattva Avalokiteshvara, des **Schutzpatron Tibets**, angesehen wird.

Ab dem 5. Dalai-Lama sehen die gläubigen Buddhisten in ihrem Oberhaupt nicht nur die Verkörperung seiner Vorgänger, sondern auch eine Erscheinung ihres himmlischen Schutzpatrons. Dies erklärt die einmalige Verbindung von nationalen Gefühlen und religiöser Ehrfurcht, mit der man dem Dalai Lama begegnet.

Nach seinem Tod – der dreizehn Jahre geheim gehalten wurde – verflachte die Bedeutung der Dalai Lamas und er teilte in gewisser Weise seine Macht mit dem **Pan-chen-Lama.** Die Äbte des Klosters von *Taschilumpo* trugen den Ehrentitel »Juwel des großen Gelehrten« (Pan-chen-rin-po-che) und wurden auch Taschi-Lamas genannt; sie gelten als Verkörperung des Buddha Amitabha. Die Äbte des Klosters in **Lhasa** (»Gelbmützen«) dagegen gelten als Verkörperung des Bodhisattva Avalokiteshvara. Spätere Rivalitäten zwischen dem prochinesischen Taschi-(Pan-chen) Lama und dem proenglischen Dalai-Lama waren eher politischer, nicht religiöser Natur.

Insgesamt schlossen sich die Tibeter in dieser Zeit mehr und mehr von der Außenwelt ab und hielten ihre Staatsform, ihr religiöses und ihr soziales Leben nahezu zwei Jahrhunderte lang unverändert. Im 18. Jh. beanspruchte die Mandschu-Dynastie in China zwar wieder die Anerkennung ihrer Oberhoheit über Tibet, es kam aber zu keiner unmittelbaren chinesischen Verwaltung.

Während der Kolonialzeit geriet Tibet zum Unterschied von seinen Nachbarn nie unter eine europäische Oberhoheit. Auch die christlichen Missionsversuche der Jesuiten (1624–1745) und der Kapuziner (1707–1745) hatten keine dauerhaften Ergebnisse zur Folge, und die Versuche der Engländer, Handelsbeziehungen mit Tibet aufzubauen, wurden schließlich – nach einem Gurkha-Einfall 1792, den eine chinesische Armee beendete – mit der totalen Sperre des Zugangs für alle Fremden beantwortet.

Der 13. Dalai Lama ***Thub-bstan-rgya-mtsho*** (1876–1934) hatte nach der chinesischen Revolution 1911 wieder die völlige Unabhängigkeit Tibets von China erreicht, und sie hielt bis 1951, als kommunistische Truppen Lhasa besetzten und man schnell noch den damals 16-jährigen ***Tenzin Gjatso*** (bsTan-'dzin-rgya-mtsho) als 14. Dalai Lama inthronisierte. Der wachsende Widerstand gegen die chinesische Herrschaft führte 1956 zu einem Aufstand in Osttibet und 1959 in Lhasa und zur Flucht des Dalai-Lama nach Indien – mit etwa 80.000 Tibetern, die in verschiedenen Himalaya-Ländern, manche auch in Amerika und Europa, Zuflucht fanden. Tenzin Gjatso lebt seit 1959 in **Dharamsala** in Nordindien im Exil.

1965 wurde der größere Teil Tibets von der Chinesischen Volksrepublik zum Autonomen Gebiet erklärt, die osttibetischen Provinzen Kham und Amdo jedoch zum größten Teil den angrenzenden chinesischen Provinzen zugeschlagen. Die Chinesen zerschlugen systematisch den tibetischen Buddhismus, indem sie die Klöster plünderten und als Militärunterkünfte verwendeten oder überhaupt zerstörten. Dabei wurden viele Bibliotheken und unzählige Bildwerke vernichtet. Viele Mönche wurden gefoltert und hingerichtet, Tausende in Arbeitslagern eingesperrt und umerzogen. Besonders radikal geschah dies während der Kulturrevolution ab 1967.

Seit 1978 wurde die chinesische Politik gegenüber Tibet etwas liberaler, eine kleine Anzahl von Tempeln und Klöstern wurde wieder instand gesetzt, andere dienen als Museen. Es werden aber kaum neue Mönche ordiniert, und der Dalai Lama widerstand bisher allen Aufforderungen Chinas, nach Tibet zurückzukehren, sondern er lebt die gewaltfreie Spiritualität eines Gelukpa-Mönchs und ist heute in gewisser Weise der moralische Repräsentant des Weltbuddhismus.

Der westliche Buddhismus

Gegen Ende des 19. Jh. begann man im Westen den Buddhismus, der bis dahin nur von einigen Gelehrten unter akademischen Gesichtspunkten studiert wurde, auch als Religion zu akzeptieren – und zu praktizieren. Dazu hatte der deutsche Philosoph ***Arthur Schopenhauer*** (1788–1860) entscheidend beigetragen, der »im Buddhismus die beste aller Religionen« sah. **Olcotts** »Buddhistischer Katechismus« (1881 in Colombo, 1908 in Leipzig) und die »Buddha«-Bücher von ***Rhys Davids*** (1877) und ***Hermann Oldenberg*** (1881) machten die Lehre des Buddhismus im angelsächsischen und deutschen Sprachraum bekannt.

Paul Dahlke (1865–1928) mit seinem »Neu-Buddhismus« und dem 1924 in Berlin-Frohnau erbauten Buddhistischen Haus, das die Atmosphäre eines buddhistischen Klosters vermittelt, und ***Georg Grimm*** (1868–1945) mit seiner Altbuddhistischen Gemeinde in Utting am Ammersee schufen die ersten buddhistischen Zentren in Deutschland. Und die **Deutsche Buddhistische Union** stellt seit 1958 den Dachverband aller buddhistischen Gruppierungen dar.

In **Österreich** ist der Buddhismus seit 1983 eine der 12 staatlich anerkannten und geförderten Religionsgemeinschaften. Im Buch »Ich bin Jude, Moslem, Christ … Junge Menschen und ihre Religion« (S. 63) schreibt Marina Jahn (= Myo Gong):

In den siebziger Jahren des vorigen Jahrhunderts waren es Menschen, die durch Reisen in asiatische Länder mit dem Buddhismus in Berührung kamen und das Interesse an dieser friedvollen Religion nach Österreich brachten. Die ersten Meditationsgruppen bildeten sich. Es wurden Lehrer und Lehrerinnen eingeladen, bei uns Vorträge und Semina-

re zu halten. Seither haben sich viele Gruppen gebildet. Sie werden von Menschen besucht, die sich nach Ruhe und innerer Einkehr sehnen oder einen spirituellen Weg gehen wollen. Manche finden über diesen »Umweg« wieder zu ihrer eigenen Religion zurück … Im Rahmen des interreligiösen Dialogs kommen viele Schulklassen ins buddhistische Zentrum nach Wien, um einen Einblick in die Grundlagen der Lehre und die verschiedenen Traditionen zu erhalten. Alle buddhistischen Gruppen und Traditionen stehen unter dem Schirm der »Österreichischen Buddhistischen Religionsgemeinschaft«, die den Buddhismus offiziell nach außen vertritt.

Das Buddhistische Haus in Berlin-Frohnau, 1922/4 von Paul Dahlke erbautes buddhistisches Zentrum.

In England gibt es mehrere buddhistische Zentren, und der Reichtum der psychologischen und geistigen Schulung durch die buddhistische Tradition wird von einer zunehmenden Zahl von Menschen geschätzt – ganz abgesehen von den Herrlichkeiten buddhistischer Kunst, die in zahlreichen Bildbänden auch denen zugänglich gemacht werden, die nicht auf Reisen gehen können.

Unter japanischem Einfluss entstand Anfang des 20. Jh. auf Hawaii das sogenannte **Navayāna** (= Neues Fahrzeug), eine undogmatische, sehr an die Mentalität der Inselbewohner angepasste Richtung des Buddhismus, die vor allem von japanischen Gastarbeitern und ihren Familien auf die Insel und von dort in die Vereinigten Staaten gebracht wurde. 1944 schlossen sich verschiedene buddhistischen Gemeinschaften, unter denen die **Jōdo-Shinshū-Kirche** den größten Prozentsatz ausmachte, zur Vereinigung **Buddhistische Kirchen Amerikas** zusammen. Es bildeten sich aber auch viele Gruppen, die dieser Vereinigung nicht angehören wollten, sondern direkte Mitglieder der »World Fellowships of Buddhism« (WFB) sind. Dort sind 58 selbständige buddhistische Organisationen der USA verzeichnet, und man schätzt deren Mitgliederzahl auf mindestens eine Million.

Seit den großen Gedenkfeiern zum *2500. To*destag des Gautama Buddha *(1956)* kann man so etwas wie eine *buddhistische ökumenische Bewegung* (Peter Antes) feststellen, nämlich den Versuch, die Unterschiede der einzelnen buddhistischen Richtungen, die sich auf den Buddha berufen, in den Hintergrund treten zu lassen und stattdessen das allen Gemeinsame hervorzukehren. Es ist gar nicht abwegig, nach der hinduistischen Renaissance nun auch von einer **buddhistischen Renaissance** zu sprechen.

Bei der 12. Weltkonferenz des WFB in Tokio (1978) sagte Prof. Hajime Nakamura: *»Die Lehre des Buddhismus, die in mehreren Ländern überliefert wurde, kann der Menschheit den Weg zeigen, den sie beschreiten muss. Wir Buddhisten müssen unter diesem Gesichtspunkt über uns selbst reflektieren und den richtigen Weg in die Tat umsetzen, damit wir eine bessere Zukunft erwarten dürfen.«*

Verwendete Literatur

Dahlke, Paul (Hg.): Buddha – die Lehre des Erhabenen aus dem Palikanon, München 4. Aufl. 1979.
Evans-Wentz, W. Y.: Das Tibetanische Totenbuch, Zürich 1942.
Eliade, Mircea (Hg.): Geschichte der religiösen Ideen Bd. II 2. Aufl. 1979 (S. 69–98; 183–200); Bd. III/1 1983 (S. 249–268); Bd. III/2 1991 (S. 304–324 N. Naumann, S. 325–409 H. Dumoulin).
Glasenapp, Helmuth von: Buddha – Pfad zur Erleuchtung. Buddhistische Grundtexte, Düsseldorf 1981.
Glasenapp, Helmuth von: Die fünf Weltreligionen, München 2001.
Hardon, John A.: Gott in den Religionen der Welt, Luzern 1967.
Hierzenberger, Gottfried: Der Glaube der Inder und Tibeter (Der Buddhismus), in: Der Glaube der Menschen. Hg. von Franz Kardinal König, Wien 2. Aufl. 1994, S. 218–233
Ders.: Erkundungen des Jenseits, Wien 1988.
Holl, Adolf: Religionen, Stuttgart 1981.
Jäggle, Martin / Krobath, Thomas: Ich bin Jude, Moslem, Christ … Junge Menschen und ihre Religion, Innsbruck 2002.
Küng, Hans: Christentum und Weltreligionen. Islam, Hinduismus und Buddhismus, München 1984.
Ders.: Spurensuche. Die Weltreligionen auf dem Weg, München 1999.
Lamotte, Etienne: Der Buddha, in: Die Welt des Buddhismus. Geschichte und Gegenwart, Hg. von Heinz Bechert und Richard Gombrich, 2002, S. 47 ff.
Lanczkowski Günter: Quellentexte zu M. Eliade: Geschichte der religiösen Ideen, Freiburg/Br. 1981.
Lexikon der Religionen, Hg. von Franz König-Hans Waldenfels, Freiburg/Br. 1987. Lowenstein, Tom: Buddhismus, Köln 2001.
Percheron, Maurice: Buddha, Hamburg 1958.
Regamey, Constantin: Der Buddhismus Indiens und Die Religion Tibets, in: Christus und die Religionen der Erde. Handbuch der Religionsgeschichte, hg. von Franz König, III. Bd, Wien 2. Aufl. 1956, S. 229–318

Reynolds, Christopher / Tamura, Hitoshi: Sri Lanka. Die heilige Insel des Buddhismus, Freiburg/Br. 1982
Sartory, Gertrude und Thomas: Die Meister des Weges in den großen Weltreligionen, Freiburg/Br. 1981.
Shibayama, Zenkei: Quellen des Zen. Die berühmten Koans des Meisters Mumon aus dem 13. Jh., 1976.
Siegmund, Georg: Buddhismus und Christentum. Vorbereitung eines Dialogs, Frankfurt/Main 1968.
Smart Ninian: Die großen Religionen (2. Buddhismus), München 1981, S. 57–120.
Stierlin Henri: Die Welt der Tempel und Pagoden (Buddhismus in Indonesien, Indochiona und Hinterindien), Genf 1979.
Stierlin Henri: Die Welt Indiens (Buddhismus in Indien S. 10–26)
Das Tibetische Buch der Toten, Bern 1977.
Die Welt des Buddhismus. Geschichte und Gegenwart, Hg. von Heinz Bechert und Richard Gombrich, 2002.

Topos plus | Religionen und Kulturen

Christa Felicetti
Lebensweisheit aus dem Judentum
ISBN 3-7867-8409-4

Elisabeth Rosegger
Lebensweisheit aus dem Islam
ISBN 3-7867-8437-X

Hannes Kulmer
Lebensweisheit aus Afrika
ISBN 3-7867-8456-6

Hans Waldenfels
Christus und die Religionen
ISBN 3-7867-8433-0

Christian Troll
Muslime fragen, Christen antworten
ISBN 3-7867-8489-2

Topos plus Grundwissen Religion

Informativ – kompetent – objektiv

Gerhard Hartmann
Daten der Kirchengeschichte
ISBN 3-7867-8476-0

Jos Rosenthal
Der Prozess Jesu
18 Stunden bis zur Hinrichtung
ISBN 3-7867-8475-2

Gottfried Hierzenberger
Engel und Dämonen
ISBN 3-7867-8492-2

Gottfried Hierzenberger
Heilige und Heroen
ISBN 3-7867-8493-0
Erscheint 2004

Gottfried Hierzenberger
Maria – Die weibliche Dimension Gottes
ISBN 3-7867-8494-9
Erscheint 2004

Rudolf Simek
Der Glaube der Germanen
ISBN 3-7867-8495-7
Erscheint 2004

Gottfried Hierzenberger
Der Glaube der Atheisten
ISBN 3-7867-8496-5
Erscheint 2004

Die Reihe wird fortgesetzt

Topos plus Grundwissen Religion

Informativ – kompetent – objektiv

Ferdinand Dexinger
Der Glaube der Juden
ISBN 3-7867-8474-4

Gottfried Hierzenberger
Der Glaube der Muslime
ISBN 3-7867-8468-X

Gottfried Hierzenberger
Der Glaube der Hindus
ISBN 3-7867-8469-8

Gottfried Hierzenberger
Der Glaube der Buddhisten
ISBN 3-7867-8470-1

Gottfried Hierzenberger
Der Glaube der Chinesen und Japaner
ISBN 3-7867-8471-X

Gottfried Hierzenberger
Der Glaube der alten Griechen und Römer
Topos plus ISBN 3-7867-8472-8

Gottfried Hierzenberger
Der Glaube in den alten Hochkulturen
Ägypter, Mesopotamier, Indoeuropäer, Altamerikaner
ISBN 3-7867-8473-6

Gottfried Hierzenberger
Der Glaube der Urmenschen
ISBN 3-7867-8491-4

Die Reihe wird fortgesetzt